우리들의 당당한 권리
어린이 인권 이야기

청동말굽 글 | 지문 그림

아이앤북
I & BOOK

머리말

인권이 무슨 뜻인지 정확히 알고 있나요? 인권은 말 그대로 인간의 권리, 그러니까 사람이라면 누구나 태어나면서부터 가지는 권리를 뜻해요. 우리 모두는 자유와 평화를 누리고 건강하고 안전하게 살아갈 권리를 가지고 있어요. 어느 누구도 민족, 인종, 종교, 사상, 나이, 성별, 신분 따위를 내세워 우리들의 인권을 해칠 수 없어요.

그럼 세상 모든 사람들의 인권이 존중받고 있을까요? 안타깝게도 그렇지 않아요. 지구촌 곳곳에서 일어나는 분쟁과 서로 더 많은 이득을 차지하려는 경쟁 속에서 인권이 짓밟히는 경우가 아주 많기 때문이에요. 특히 스스로를 보호할 능력이 떨어지는 어린이들이 인권을 지키기란 더더욱 어렵지요.

어린이의 인권을 인정하고 존중하게 된 것은 그리 오래되지 않았어요. 옛날에는 어린이를 독립된 인격체로 대하지 않았어요. 어린이를 몸집이 작은 일꾼으로 여기거나 그저 엄하게 가르쳐야 할 대상으로만 생각했지요. 그래서 많은 어린이들이 일터에서 어른 대신 일하다가 사고를 당하거나 병을 얻고, 어른들의 학대로 목숨을 잃기도 했어요. 어린이들의 희생이 늘어가자 어린이들의 인권을 인정하고 보호해 주어야 한다는 생각이 싹트기 시작했어요. 그리고 많은 사람들이 뜻을 모아 '유엔 아동 권리 협약'을 채택했어요.

'유엔 아동 권리 협약'을 통해 어린이들은 안전한 집에서 행복하게 살 권리, 충분한 영양을 섭취하고 적절한 의료 혜택을 받을 권리, 학대와 방임, 차별, 폭력과 고문, 징집, 부당한 처벌, 노동, 약물과 성폭력 같은 위험요소로부터 보호받을 권리, 교육받을 권리, 즐겁게 뛰어놀 권리, 문화생활을 즐길 권리, 생각과 양심과 종교의 자유를 누릴 권리, 자신의 의견을 말하고 존중받을 권리, 사생활을 보호받을 권리, 유익한 정보를 얻을 권리를 당당히 인정받게 되었어요.

이 책은 어린이 인권에 대해 꼼꼼히 짚어 보고 있어요. 어린이들에게 어떤 권리가 있는지, 어린이 인권이 어떻게 짓밟히고 있는지, 어린이 인권을 지키기 위해 어떤 노력을 하고 있는지 다루고 있어요.

자, 이제 책장을 넘겨 볼까요. 시간과 공간을 뛰어넘어 인권이 짓밟힌 채 살아가는 친구들과 인권을 지키기 위해 노력하는 친구들을 만날 수 있을 거예요. 이 책에 등장하는 친구들과 함께 아파하고 이들을 응원하는 동안 여러분의 마음도 부쩍 자랐으면 좋겠어요.

청동말굽 아줌마들

차례

1장 인종·성별·종교·민족·장애 등으로 차별받지 않을 권리

우리는 다르지 않아 12
★ 미국의 루비 브리지스 16
★ 남아프리카 공화국의 헥터 피터슨 22
★ 한국의 준우 28
★ 프랑스의 파티마 33
생각해 보아요 38
어린이의 인권을 지켜라! 유엔 아동 권리 선언 40

2장 무력 분쟁으로부터 보호받을 권리

평화로운 세상에서 살고 싶어 44
★ 콩고 민주 공화국의 소년 병사 카빌 46
★ 수단의 소녀 병사 리리 50
★ 시리아의 하산 55
★ 시에라리온의 이스마엘 59
궁금해요 64
어린이 인권을 지키기 위하여 활동하는 단체들 66

3장 교육받을 권리

모두가 즐거운 학교 72
★ 파키스탄의 말랄라 74
★ 인도의 마니쉬 79
★ 한국의 지우 85
생각해 보아요 90
즐거운 학교의 적, 학교 폭력 92

4장 즐겁게 놀 수 있는 권리

나도 축구하고 싶어 96
★ 파키스탄의 이크발 99
★ 인도의 아민 103
★ 탄자니아의 모르나 108
궁금해요 112
정정당당한 거래, 공정 무역 114

5장 자유롭게 표현하고 참여할 수 있는 권리

네 생각을 보여 줘 118
★ 미국의 조너선 리 121
★ 캐나다의 크레이그 킬버거 126
궁금해요 130
실천해 보아요 132

6장 건강과 안전을 누릴 권리

건강하고 안전하게 살고 싶어 138
★ 한국의 서현이 140
★ 니제르의 아부카 145
★ 필리핀의 미카엘 150
★ 남아프리카 공화국의 은코시 154
생각해 보아요 160
국경없는의사회 162

1장

인종·성별·종교·민족·장애
등으로 차별받지 않을 권리

우리는 다르지 않아

너희들은 '인권'이라는 말을 들어 본 적 있니? '인권'이란 말 그대로 인간으로서 당연히 누려야 할 기본적인 권리를 뜻해. 민족, 인종, 종교, 사상, 신분, 지위, 성별, 나이, 장애, 언어, 피부색 등과 상관없이 인간이라면 누구나 인권을 가지고 있고, 그것은 존중되어야 해. 왜냐하면 인권은 태어날 때부터 인간에게 주어져서 죽을 때까지 보장되는 권리이기 때문이야. 그 무엇도, 그 누구도 인권을 침범할 수는 없어.

인권이라는 말이 처음 사용된 것은 1789년 프랑스 혁명 때 발표된 '인간과 시민의 권리 선언'에서야. 여기에 '인권'이라는 말이 처음 사용되면서 세상에 널리 퍼지기 시작했어.

사실 인간이 가지는 권리에 대해서는 아주 오래된 동서양의 철학과 종교에서도 찾을 수 있어. 하지만 고대에는 노예나 여성을 남성과 똑같은 권리를 가진 존재로 대하지 않았고, 중세에는 교회나 황제의 권력 때문에 대다수의 사람들이 자유를 누릴 수 없었어.

 그러다가 마침내 인류는 수많은 전쟁과 혁명을 통하여 소중한 인권을 얻어 냈어. 때로는 인간의 기본적인 권리를 침해하는 생각이나 사람들과 맞서 싸우다 목숨을 잃기도 했지만 인류는 인권을 지키기 위한 투쟁을 멈추지 않았어.

 하지만 이렇게 힘겹게 얻어 낸 인권을 그리 오래 지켜 내지는 못했어. 두 차례의 세계 대전을 겪으면서 수많은 사람들이 고통을 당하고 목숨을 잃었지. 독일의 나치는 수많은 유대인, 장애인, 집시들을 닥치는 대로 학살하였고, 일본군은 수많은 중국인들과 한국인들을 마구 학살했어. 세상 어디에도 인권은 없는 듯했지.

 제2차 세계 대전이 끝난 뒤 혼란에 빠진 세계 여러 나라는 평화를 지키고, 나아가 인권을 보호하기 위해서 힘을 모으기로 합의했어. 그 결과 유엔이 탄생하게 되었지. 그리고 많은 사람들의 생각을 모아 1948년 국제 연합 총회에서 '세계 인권 선언'을 채택하였어.

 세계 인권 선언은 모든 사람이 태어날 때부터 자유롭고, 존엄하며, 평등

▼세계 인권 선언

제1조
모든 사람은 태어날 때부터 자유롭고, 존엄하며, 평등하다.
모든 사람은 이성과 양심을 가지고 있으므로 서로에게 형제애의 정신으로 대해야 한다.

제3조
모든 사람은 자기 생명을 지킬 권리, 자유를 누릴 권리, 그리고 자신의 안전을 지킬 권리가 있다.

제6조
모든 사람은 법 앞에서 '한 사람의 인간'으로 인정받을 권리가 있다.

제10조
모든 사람은 자신의 행위가 범죄인지 아닌지를 판별받을 때, 독립적이고 공평한 법정에서 공정하고 공개적인 심문을 받을 권리가 있다.

제18조
모든 사람은 사상, 양심, 종교의 자유를 누릴 권리가 있다.

제23조
모든 사람은 일할 권리, 자유롭게 직업을 선택할 권리, 공정하고 유리한 조건으로 일할 권리, 실업 상태에서 보호받을 권리가 있다. 모든 사람은 차별 없이 동일한 노동에 대해 동일한 보수를 받을 권리가 있다.

▲ 인권 선언문의 내용 중 제1조, 제3조, 제6조, 제10조, 제18조, 제23조

하고, 인종·피부색·성별·언어·종교 등 그 어떤 이유로도 차별받지 않으며, 정치적·사회적·경제적·문화적 자유를 누릴 권리, 그리고 자신의 생명과 안전을 지킬 권리가 있음을 세계에 분명히 밝힌 선언이야.

물론 인류가 보호해야 할 인권에 대한 선언이 그 자체만으로 법적 구속력을 가지지는 않아. 하지만 이후 세계 인권 선언의 내용은 여러 나라의 헌법과 법률에 반영되었어.

또, 이 선언을 기반으로 수많은 인권 관련 조약이 쏟아져 나왔어. 인종 차별과 여성 차별 등 각종 차별을 없애기 위한 조약, 타인의 인권을 해치는 범죄를 막기 위한 조약, 이주 노동자와 난민, 어린이들의 권리를 보호하기 위한 조약 등 많은 국제 조약이 여러 나라에서 채택되었어. 그리고 이러한 조약을 채택한 나라들은 그것을 반드시 지켜야 하는 법적 구속력도 가지게 되었지.

그런데 말이야, 21세기를 살고 있는 우리는 인권을 제대로 누리고 있을까? 가정에서, 학교에서, 사회에서, 국가에서 개인의 인권을 제대로 존중하고 있을까? 안타깝게도 그렇지 않아. 지금도 지구촌 곳곳에서는 피부색이나 생김새가 다르다고, 장애가 있거나 종교가 다르다고, 여자이거나 어리다고 차별당하는 사람들이 아주 많아.

지금부터 단지 '다르다'는 이유 때문에 부당하게 차별당하는 친구들의 이야기를 들으면서 인권의 의미를 되짚어 보도록 하자.

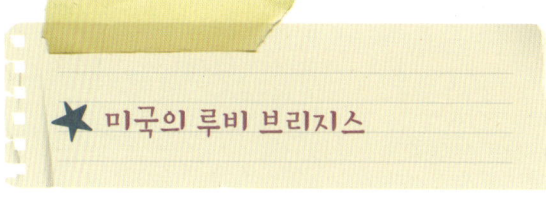
미국의 루비 브리지스

루비 브리지스는 1954년 미국 루이지애나 뉴올리언스에서 태어났어. 당시 뉴올리언스는 미국 남부의 도시로 흑백 분리 정책을 철저히 지키는 곳이었어. 흑백 분리 정책에 따라 이 도시의 흑인과 백인은 사는 곳이나 학교, 이용하는 식당이나 병원이 달랐어. 대중교통도 마찬가지였지.

1950년에 린다 브라운이라는 흑인 소녀가 집에서 가까운 백인 초등학교에 입학하려다 거절당한 사건이 있었어. 그런데 린다의 아버지는 이 사건을 법원에 의뢰하였고, 법원은 린다도 백인 초등학교에 다닐 수 있다는 판결을 내렸어. 그 뒤 1954년, 미국 대법원은 흑인과 백인의 분리 교육을 금지한다는 판결을 내렸지.

하지만 남부에서는 이 결정을 따르는 학교가 거의 없었어. 당시에는 흑인과 백인이 같은 학교에 다니는 것을 꿈도 꿀 수 없었거든.

앞서 말한 루비 브리지스가 학교에 들어갈 즈음 루이지애나 연방 법원은 모든 초등학교에서 흑인과 백인 어린이들을 함께 교육시킬 것을 결정했어. 하지만 선뜻 백인 학교에 자신의 아이를 보내려는 흑인 부모는 없었어. 다음과 같은 걱정 때문이었지.

"안 돼. 우리 아이를 백인 학교에 보냈다가는 큰일이 벌어질 거야."

"백인 학교에 보냈다가 백인 아이들한테 몰매라도 맞으면 어떻게 해."

결국 뉴올리언스 연방 법원은 백인들만 다니는 초등학교 두 곳에 흑인 학생을 반드시 받도록 명령했어.

루비를 비롯한 흑인 아이들은 백인 학교에 들어갈 수 있는 자격을 얻기 위해 입학 시험을 보았어. 그런데 이 시험은 무척 어려웠어. 흑인들이 시험에 통과하지 못하도록 일부러 문제를 어렵게 출제한 거야. 그 때문에 입학 시험에 합격하는 흑인 아이들은 많지 않았어. 하지만 루비는 시험에 통과했어.

　"루비가 제대로 학교 생활을 할 수 있을까?"

　루비의 아버지는 루비가 백인 학교에 다니는 것을 반대했어. 하지만 루비의 어머니는 용기를 내기로 결심했어.

▲노먼 록웰의 '우리가 함께 안고 살아가는 문제'라는 작품으로 루비의 등굣길을 그린 그림이야. 2011년 이 그림이 흑백 통합 등교 50주년을 기념하기 위해서 백악관에 걸렸어. 오바마 대통령은 그림의 주인공 루비를 초청해 함께 그림을 보았지. 오바마 대통령은 루비의 용기가 없었다면 지금의 자신도 없었을 거라고 말했어.

"좋은 교육을 받기 위해서 이 정도 위험은 감수해야 해요."

1960년 11월, 루비는 백인 초등학교인 윌리엄 프란츠 초등학교에 다니게 되었어. 루비의 등굣길은 여느 백인 아이들과 달랐어. 보안관들의 보호를 받으며 학교로 갔지.

"검둥이는 집으로 돌아가라!"

"우리 아이들을 검둥이와 한 교실에서 공부하게 할 수 없다!"

백인 학부모와 학생들이 루비의 등교를 반대하며 소리쳤어. 어떤 백인 학부모는 아이를 데리고 집으로 돌아가기도 했어.

루비는 이 모든 것들이 두렵기만 했어. 하지만 꾹 참고 어머니와 함께 교실로 들어갔어. 그런데 교실에는 아무도 없었어. 그 누구도 루비와 한 교실에서 공부하려고 하지 않았던 거지. 루비는 하교 시간이 될 때까지 우두커니 앉아 있다 다시 온갖 저주의 말을 퍼붓는 백인들 사이를 뚫고 보안관들과 함께 집으로 돌아왔어.

이튿날부터 루비는 바바

라 헨리 선생님과 단둘이 공부를 시작했어. 선생님은 늘 루비를 걱정했어. 보안관들과 함께하는 등하굣길, 루비를 몰아내려는 백인들의 위협, 아무도 놀아 주지 않는 외로운 학교생활은 어린 루비가 감당하기에는 너무 버거웠기 때문이야.

"저리 가! 우리 엄마가 절대로 검둥이랑 놀지 말랬어."

루비는 그저 흑인이라는 이유로 백인 아이들과 선생님들에게 따돌림을 당했지만 이 모든 것들을 용감하게 견뎌 냈어. 루비는 학교에서 돌아오면 침대에 앉아 기도했어.

"잘못을 저지르는 사람들을 용서해 주세요."

이렇게 기도를 하고 나면 무서운 마음이 사라지는 것 같았어.

다행히 시간이 흐를수록 루비의 등교를 지지하는 사람들이 하나둘 늘어났어. 루비는 그들과 바바라 선생님의 도움으로 무사히 1학년을 마칠 수 있었어. 그리고 미국에서 처음으로 백인들과 함께 초등학교에 다닌 흑인이 되었지. 그 뒤 루비는 중학교, 고등학교도 백인들과 함께 공부하고 졸업할 수 있었어.

지금도 많은 유색 인종 아이들이 루비처럼 용기를 내어 등굣길에 나서고 있어. 물론 오늘날에는 이들의 등교를 막는 법이나 함성이 사라졌지만 여전히 교실 한 곳에서는 인종 차별의 행위가 공공연히 일어나고 있기 때문이야.

학교에 가는 루비의 모습이 상상이 되니? 어린 루비는 얼마나 무서웠을까? 그 무렵 미국은 인종 차별이 무척 심했어. 흑백 분리 정책으로 흑인들의 인권은 철저히 무시되었고, 흑인에 대한 폭력도 심했어.

그런데 흑인에 대한 차별은 언제부터 시작된 것일까? 그 뿌리는 노예 제도에 있어. 유럽 열강들은 아메리카를 식민지로 개발하면서 아프리카의 흑인들을 강제로 아메리카 대륙으로 보내는 노예 무역을 했어. 대서양을 가로지르는 커다란 배에 사람들을 마치 동물처럼 철창에 가두어 팔아넘겼지. 노예 무역으로 16세기부터 19세기 중반까지 천만 명이 넘는 흑인들이 아메리카 대륙으로 팔려 갔어.

흑인 노예들은 혹독한 노동과 비인간적인 대접을 받으며 고통 속에 살았어. 무자비한 폭력으로 목숨을 잃는 경우도 많았지. 이들의 비참한 생활이 알려지면서 노예 무역을 금지하는 나라들이 많아졌고, 노예 제도도 폐지되었어.

하지만 미국에서는 좀처럼 노예 문제가 해결되지 않았어. 넓은 땅덩이에 대규모 농사를 짓기 위해서는 흑인 노예들이 필요했거든. 결국 노예 문제로 미국의 남과 북이 대립하면서 전쟁이 일어났지. 노예 제도 폐지를 주장하는 북군이 전쟁에서 승리하면서, 1863년 링컨 대통령은 노예 해방을 선언했어. 하지만 흑인에 대한 차별은 사라지지 않았어.

1955년에는 로사 파크스라는 흑인 여성이 백인에게 자리를 양보하지 않았다는 이유로 체포되면서 흑인들은 버스에 타지 않는 승차 거부 운동을 벌였어. 결국 미국 연방 대법원에서는 시내버스에서 흑인과 백인을 차별하

▲백인 전용이라고 쓰여 있는 의자에 흑인이 앉아서 신문을 보고 있다.

는 것은 불법이라는 판결을 내렸어.

1960년대에도 흑백 분리 정책을 없애고 흑인들의 투표권을 보장해 줄 것을 요구하는 흑인 인권 운동이 계속되었어. 많은 흑인들의 희생으로 인해 1965년, 드디어 흑인들도 투표에 참여할 수 있게 되었어.

오늘날에는 예전에 비해 흑인들의 지위가 향상되었고, 세계 역사상 처음으로 미국에 흑인 대통령이 탄생했지만 여전히 인종 문제는 남아 있어. 단지 피부색과 생김새가 다르다는 이유로 흑인이나 유색 인종을 무시하는 오만한 마음이 사라져야 인종 차별도 사라질 수 있을 거야.

★ 남아프리카 공화국의 헥터 피터슨

헥터 피터슨은 남아프리카 공화국 소웨토에서 태어났어. 당시 남아프리카 공화국은 아프리카 대륙에 있는 국가이면서도 300년 동안이나 네덜란드와 영국의 식민지였던 탓에 백인들이 나라의 이권을 독차지하면서 인종 차별 정책을 만들어 흑인들을 차별했어.

"우리 흑인들은 선거를 할 수 없었어요. 또, 피부색이 같은 사람들끼리만 결혼할 수 있었지요. 백인과 흑인은 사는 곳도 달랐어요. 백인들은 백인들끼리, 흑인들은 흑인들끼리 정해진 거주 지역에서 살아야 했지요. 백인과 흑인은 화장실도 따로 썼고, 탈 수 있는 버스도 달랐어요. 병원, 학교, 공원, 해변도 구분했지요. 흑인들은 백인들만 사용하는 시설을 절대 쓸 수 없었어요."

헥터가 태어난 소웨토는 나라에서 흑인들만 살라고 정한 도시였어. 헥터는 이곳에서 흑인들만 다니는 학교에 다녔지.

남아프리카 공화국의 인종 차별은 점점 심해졌어. 백인들은 이렇게 주장했어.

"흑인들은 백인들보다 열등합니다. 저들의 미개한 문화를 보세요. 만약 우리 백인들이 이곳을 지배하지 않았다면 남아프리카 공화국도 여느 아프리카 국가들처럼 형편없는 나라였을 거예요."

하지만 헥터를 비롯한 많은 흑인들은 이런 백인들의 생각에 분노했어.

"우리는 우리만의 독특한 문화를 꽃피웠어요. 우리의 문화도 백인들과 다르지 않아요. 피부색이 다르다고 차별하는 것은 옳지 않아요."

원래 남아프리카 공화국은 다양한 부족들로 이루어진 나라이기 때문에 11개의 공용어를 쓰고 있었어. 그런데 남아프리카 공화국 정부는 영어와 아프리칸스 어만 쓰도록 정했어. 아프리칸스 어는 네덜란드 식민지 때 생겨 난 네덜란드 어와 아프리카 어가 섞인 말이야.

"말도 안 돼. 왜 우리말을 쓰면 안 된다는 거야?"

"영어와 아프리칸스 어만 쓰도록 하는 정책에 반대하는 시위를 벌이자!"

1976년 6월 16일, 소웨토에서 집회가 열렸어.

"백인들은 우리를 차별하고 이제 우리말까지 빼앗으려 한다. 우리말을 빼앗는 것은 우리의 영혼을 빼앗는 것이다!"

"우리는 백인들의 언어로 공부하지 않겠다! 우리말과 우리글을 돌려달라!"

곳곳에서 가벼운 실랑이가 있기는 했지만 집회는 평화롭게 진행되었어. 탕탕탕! 갑자기 총성이 울렸어. 경찰들이 시위대를 향해 총을 쏘기 시작한 거야.

"헥터! 헥터!"

결국 헥터는 총에 맞아 쓰러졌어. 머리에서 피가 흘러 아무것도 보이지 않았어. 이날 150여 명의 소웨토 주민들이 목숨을 잃었고, 그들 중 대부분은 어린 학생들이었어.

이 소식은 남아프리카 공화국의 방방곡곡에까지 전해졌고, 흑인들은 큰 슬픔에 빠졌어. 소웨토에서 시작된 이 인종 차별 반대 시위는 전국으로 퍼

져 나가 일 년이 넘게 계속되었어. 그 과정에서 5,000명이 넘는 사람들이 다치거나 목숨을 잃었고, 세상은 남아프리카 공화국에서 일어나는 야만적인 인종 차별 정책을 비난했어.

　헥터의 죽음으로 세상이 조금씩 바뀌기 시작해 인종 차별 정책도 사라졌어. 하지만 사람을 출신 지역과 신체적인 특징을 가지고 차별하는 '인종 차별'은 아직 사라지지 않고 있어. 언제쯤 이 터무니없는 인종 차별이 세상에서 사라질까?

안타깝게 세상을 떠난 헥터의 고국 남아프리카 공화국은 오랫동안 백인들의 통치를 받았어. 17세기에 네덜란드 사람들이 아프리카를 돌아 인도로 가는 배들이 쉬어 갈 수 있도록 남아프리카 공화국의 희망봉에 항구를 만들면서 이곳에 백인들이 모여들기 시작했지. 그 뒤 점점 더 많은 백인들이 남아프리카 공화국으로 이주해서 정착했는데, 이들을 보어 인이라고 불렀어.

보어는 네덜란드 말로 농부를 뜻해. 이들은 원래 남아프리카 공화국의 주인이었던 흑인들의 땅을 차지하고 그들을 노예로 부렸어. 소수의 백인이 다수의 흑인들을 지배하게 된 거야.

그 뒤 네덜란드와 영국은 전쟁을 치렀고, 그 결과 남아프리카 공화국은 영국의 자치령이 되었어. 그리고 1961년 영국의 지배에서 벗어나 남아프리카 공화국으로 독립했어. 그동안에도 백인에 의한 흑인 지배는 계속되었고, 백인들은 '아파르트헤이트'라는 극단적인 인종 차별 정책을 펼쳤어. 아파르트헤이트라는 말은 아프리칸스 어로 분리, 격리를 뜻해.

전체 인구의 16퍼센트 정도를 차지하는 백인들은 84퍼센트의 흑인과 유색 인종을 차별하며 백인 우월주의에 사로잡혀 있었지. 이들은 백인과 흑인의 거주 지역을 철저히 분리했고, 유색 인종이 정치에 참여하지 못하게 막았어. 물론 투표권도 주지 않았지. 또 백인과 유색 인종이 결혼을 할 수 없었고, 유색 인종은 통행증이 있어야 여행을 할 수 있었어. 그리고 소웨토 사건에서도 알 수 있듯이 백인들은 흑인들이 자신들의 언어를 쓰지 못하게 했어.

▲넬슨 만델라 대통령

마침내 백인들의 인종 차별 정책에 대한 흑인들의 저항이 일기 시작했고, 이를 막는 백인들에 의해 많은 흑인들이 희생되었어.

1976년에 일어난 소웨토 시위로 아프리칸스 어 의무 사용이 무효화되었어. 세계 여러 나라는 남아프리카 공화국의 인종 차별 정책을 비난했고, 국제적인 여론에 밀린 백인들은 1983년이 되어서야 유색 인종에게 투표권을 주었어. 하지만 흑인은 제외했지. 흑인들이 투표권을 갖게 된 것은 그로부터 10여 년 뒤인 1993년이었어. 흑인들이 당당히 투표에 참여하면서 1994년에 흑인 인권 운동을 이끌어왔던 만델라가 대통령으로 선출되었어.

만델라가 대통령이 된 뒤 남아프리카 공화국은 다언어 정책을 실시했어. 남아프리카 공화국의 공용어는 코사 어, 줄루 어, 아프리칸스 어, 영어, 은데벨레 어, 페디 어, 소토 어, 츠와나 어, 스와티 어, 벤다 어, 총가

어 등 모두 11개야.

　헥터를 비롯한 많은 흑인들과 유색 인종들이 목숨 걸고 지켜 낸 말들이 모두 공용어가 된 거야. 비록 영어와 아프리칸스 어가 공식적인 자리에서 가장 많이 쓰이지만 여전히 흑인들은 줄루 어와 코사 어를 가장 많이 사용하고 있어. 남아프리카 공화국 사람들은 자신의 문화를 지키고 누릴 수 있는 그 소중한 권리를 이렇게 지켜 낸 거야.

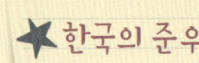
★ 한국의 준우

준우의 엄마는 캄보디아 사람이고 아빠는 한국 사람이야. 준우는 한국에서 태어나 한국에서 자란 한국인인데, 학교에서 친구들은 준우를 '다문화'라고 불러. 다문화 사회, 다문화 가정과 같은 말을 줄여 다문화라고 자주 불리는데, 준우는 그 말이 그리 달갑지 않아.

"마치 장애자를 '애자'라고 낮추어 부르는 것처럼 저 같은 다문화 가정의 아이들을 친구들은 '다문화'라고 불러요."

준우는 엄마를 대하는 사람들의 태도에도 기분 나쁠 때가 있어.

"거기서는 밥이나 제대로 먹었어?"

"한국에 올 때 얼마 받았어?"

사람들은 한국보다 가난한 나라에서 왔다는 이유로, 또 피부색과 생김새가 다르다는 이유로 준우 엄마를 무시했어.

"우리나라 사람들은 백인들에게는 친절하게 대하면서 우리 엄마처럼 피부가 검은 사람들한테는 불친절해요."

지난해 겨울 방학에 준우는 엄마와 함께 외갓집에 다녀왔어. 준우의 외갓집은 남들보다 조금 먼 곳에 있지. 말이 통하지 않는 친척들, 더운 날씨와 낯선 풍경들 때문에 처음에는 조금 겁이 나기도 했어. 하지만 반갑게 맞아 주는 외할머니와 친척들 덕분에 아주 즐거운 시간을 보냈어. 따가운 햇볕 아래서 아이들과 뛰어놀다 보니 피부도 시커멓게 그을렸어. 그런데 한국으로 돌아와서 학교에 간 준우는 반 친구와 크게 싸웠어.

"야, 너 완전히 불법 체류자 같다."

검게 그을린 준우의 모습을 보며 친구가 놀렸어. 준우는 화가 나서 주먹을 휘둘렀어. 결국 준우와 준우의 친구는 선생님께 크게 혼이 났어.

"둘 다 부모님 학교에 모시고 와라."

준우의 엄마는 학교에 와서 고개를 들지 못했어. 선생님은 준우 엄마의 어눌한 한국말을 잘 알아듣지 못했어. 게다가 준우와 싸운 친구 엄마는 준우가 반 분위기를 망친다면서 투덜거렸어.

"준우가 학교생활에 잘 적응하지 못하는 것 같아요. 힘드시겠지만, 어머니께서도 준우를 잘 이끌어 주세요."

선생님도 굳은 얼굴로 준우 엄마에게 말했어.

"우리 준우 착해요. 우리 준우 나쁜 아이 아닙니다. 준우 같은 친구를 놀리면 안 돼요. 얼굴이 검다고 마음까지 검은 건 아닙니다."

준우 엄마는 또박또박 말했어. 준우 엄마의 말에 친구 엄마와 선생님의 얼굴이 잠깐 붉어졌어. 하지만 여전히 준우와 준우 엄마를 바라보는 주위의 시선은 싸늘하기만 했어.

준우 엄마는 자기 때문에 준우가 놀림을 당하고, 친구들에게 따돌림을 당하고 있는 것 같아 마음이 아팠어. 준우도 자기 때문에 엄마가 슬퍼하는 것 같아 미안하기만 했어.

서로 다른 국적, 인종이나 문화를 지닌 사람들의 개성을 인정한다는 다문화, 준우에게 다문화는 어떤 의미일까?

혹시 너희들 학급에도 준우 같은 친구가 있니? 요즘은 주변에서 준우 엄마처럼 우리나라에 살고 있는 외국인을 쉽게 만날 수 있어. 그리고 다문화라는 말도 흔하게 들을 수 있고.

그런데 다문화가 뭘까? 다문화란 말 그대로 다양한 문화, 즉 여러 나라의 생활 양식을 뜻해. 다문화 사회는 다양한 인종, 민족, 계급 등 여러 집단의 문화가 함께 존중받는 사회를 말하지.

교통 통신의 발달로 현대 사회의 활동 무대는 전 세계로 넓어졌어. 당연히 우리나라 사람들도 다양한 민족이나 인종과 만나는 기회가 많아졌지. 우리 민족이 외국으로 나가 살거나 외국인이 우리나라에 거주하는 경우도 늘어났어. 특히 파견 근로, 결혼, 탈북 등의 이유로 우리나라에 살게 된 외국인이나 새터민들이 많아졌어.

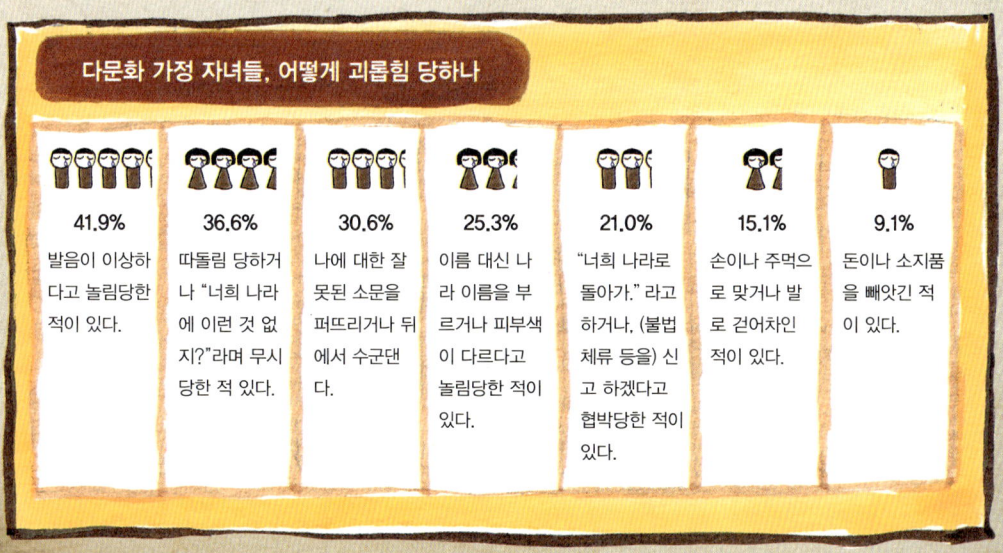

다문화 가정 자녀들, 어떻게 괴롭힘 당하나

- 41.9% 발음이 이상하다고 놀림당한 적이 있다.
- 36.6% 따돌림 당하거나 "너희 나라에 이런 것 없지?"라며 무시당한 적이 있다.
- 30.6% 나에 대한 잘못된 소문을 퍼뜨리거나 뒤에서 수군댄다.
- 25.3% 이름 대신 나라 이름을 부르거나 피부색이 다르다고 놀림당한 적이 있다.
- 21.0% "너희 나라로 돌아가."라고 하거나, (불법체류 등을) 신고 하겠다고 협박당한 적이 있다.
- 15.1% 손이나 주먹으로 맞거나 발로 걷어차인 적이 있다.
- 9.1% 돈이나 소지품을 빼앗긴 적이 있다.

▲ 국가인권위원회가 2011년 다문화 가정 자녀 189명을 대상으로 학교생활 차별 실태를 조사한 결과(복수응답)

그런데 이런 사람들에 대한 우리들의 시선은 어떨까? 외국인 근로자, 결혼 이민자, 새터민이라는 말을 들으면 어떤 생각이 떠오르니? 혹시 이들에게 곱지 않은 생각과 시선을 보내고 있지는 않니? 우리 주변에는 백인들에게는 친절하면서도 조금만 얼굴색이 검어도 고개를 돌리는 사람들이 많아. 어쩌면 우리 스스로도 백인 우월주의를 무심결에 인정하고 있는지도 몰라. 하지만 분명한 것은 특정한 어떤 민족이나 인종, 문화가 우월하다고 할 수 없다는 거야. 저마다 독특하고 고유한 가치가 있기 때문이지.

준우네와 같은 다문화 가정이 늘면서 이들의 인권을 지켜 줄 수 있는 장치로 다문화 가족 지원법이라는 법률이 만들어졌어. 이들이 우리나라 생활에 잘 적응할 수 있도록 필요한 교육과 훈련, 다국어 서비스를 제공하고, 가정 폭력 피해자에 대한 보호 및 지원을 하기로 했어. 우리말을 잘하지 못하고, 우리의 문화를 잘 이해하지 못한다는 이유로 이들에게 편견을 갖고 차별하는 것은 바람직하지 않으니까.

하지만 이런 법률이 제정되어도 함께 살아가는 우리들의 생각이 바뀌지 않는다면 진정한 다문화 가족의 인권 개선은 이루어지지 않을 거야. 이주자들을 돕는다는 오만한 생각이 아니라 이들과 함께 더불어 살아간다는 존중의 마음이 서로의 인권을 지켜 주지 않을까?

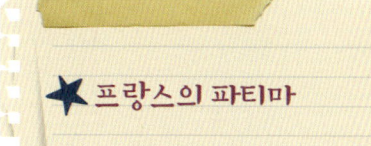
★ 프랑스의 파티마

프랑스에 살고 있는 파티마의 가족은 아주 오래전부터 이슬람교를 믿어 왔어. 당연히 파티마도 이슬람교를 믿으며 교리에 따라 생활하고 있지. 그런데 얼마 전, 프랑스 정부는 공공장소 안에서 종교 상징물 착용 금지법을 제정하고, 학생과 교사, 공무원이 특정 종교를 상징하는 머릿수건, 모자, 상징물 등을 착용하는 행위를 금지했어.

학교에 늘 머리와 목 등을 가리는 히잡을 쓰고 다니던 파티마는 혼란에 빠졌어.

"왜 학교에 히잡을 쓰고 다니면 안 되나요? 다른 사람들이 모자를 쓰고 다니듯 저는 히잡을 써요. 저는 코란에 따라 히잡을 써요. 제가 히잡을 쓰는 것과 수녀님들이 베일을 쓰는 것이 뭐가 다른가요?"

히잡은 오랫동안 이어 온 이슬람 전통 복장 가운데 하나로 주로 머리와 가슴을 가리는 머릿수건이야. 이슬람 여성들은 히잡처럼 얼굴을 드러내는 복장도 하지만 차도르, 부르카, 니캅처럼 얼굴과 몸을 모두 가리는 복장을 하기도 해.

"저는 스스로 히잡을 벗는 사람들을 비난하지는 않아요. 그것은 그들의 자유로운 선택이니까요. 하지만 국가가 히잡을 금지하는 것은 옳지 않다고 생각해요. 우리에겐 우리의 전통을 이어 가고 우리의 종교적 신념을 지킬 권리가 있으니까요."

세계 곳곳에서 이슬람과 관련된 분쟁과 테러가 이어지면서 유럽과 미국 등에서는 이슬람 신자들에 대한 차별과 감시가 공공연해지고 심해졌어.

"누구나 종교의 자유를 누릴 수 있다고 하지만 학교에서조차 이슬람교를 존중해 주지 않아요. 이슬람 신자들을 모두 테러 분자라고 생각하는 사람들도 있어요."

파티마도 학교와 거리에서 이유 없이 욕설을 들었어.

결국 종교 상징물 착용 금지법을 어긴 채 히잡을 착용하고 등교한 여학생이나 직장인들이 퇴학을 당하거나 해고를 당하기도 했어. 프랑스 곳곳에서 히잡 착용 금지에 반대하는 시위가 벌어졌지.

"히잡을 썼다고 다른 사람들에게 피해를 끼치는 것이 아닌데도 이를 막는다는 건 이해할 수 없어요."

▼히잡을 쓴 학생과 선생님

"히잡 착용 금지는 이슬람교를 탄압하기 위한 시도에 불과해요."

"개인의 신앙은 존중받아야 해요."

물론 히잡 착용 금지에 찬성하는 사람들도 있어.

"공공 기관이나 학교에서 특정 종교를 드러내는 복장을 해서는 안 돼요. 그로 인해 다른 사람이 혐오감이나 두려움을 느낀다면 더더욱 안 되지요."

"이슬람은 여성의 인권을 탄압해 왔어요. 여자는 자신의 몸조차 드러낼 수 없다니, 말이 되지 않아요. 이제는 히잡을 벗어던질 때가 되었어요."

법과는 상관없이 스스로 히잡을 벗은 이슬람 여성들도 많아. 일부 이슬람 국가에서는 히잡 착용을 금지하기도 해. 하지만 파티마는 혼란스러웠어.

'나의 의지가 아니라 외부의 압력 때문에 히잡을 벗어야만 한다면 나는 어떻게 해야 할까?'

서로 다른 두 신념 사이에서 파티마는 어떤 결정을 내려야 할까? 자신의 신념을 지키기 위해 범법자가 되어야 할까? 부당한 법에 항의하며 맞서 싸워야 할까?

이슬람 테러 단체가 여객기를 납치해서 뉴욕의 쌍둥이 빌딩과 워싱턴 국방부 청사로 돌진해 큰 피해를 일으켰던 9·11 테러 이후, 세계는 이슬람에 대한 편견과 오해로 들끓기 시작했어. 특정 종교에 대한 혐오와 공포는 그 종교를 믿는 대다수의 선량한 사람들에게 상처가 되었어. 세계 곳곳에서 이슬람 신자들을 차별했고, 파티마가 살고 있는 유럽을 비롯하여 미국, 캐나다에서도 이슬람 신자에 대한 인권 침해가 많이 일어났어.

사람들은 누구나 원하는 종교를 믿거나 아무 종교도 가지지 않을 자유가 있어. 특정 종교를 강요하거나 특정 종교를 믿는 사람들을 억압해서는 안 돼. 그런데 이런 종교의 자유를 보장하기 위해서라도 히잡 착용을 금지해야 한다고 생각하는 사람들이 많아. 하지만 법으로 특정 종교의 오랜 관습을 막는 것이 진정으로 종교의 자유를 보장하는 방법일까? 프랑스에서

미국 캘리포니아 중고교에 재학 중인 이슬람 신자 학생 500명을 대상으로 '학교생활에 있어 이슬람 신자로서 차별을 당한 적이 있는가'에 대한 설문 조사 결과
미국 이슬람친선협의회 조사(로스엔젤레스타임스, 2013.12.20일자)

히잡 착용을 금지하는 법률이 통과되면서 많은 논란이 일어난 까닭도 바로 여기에 있어.

사실 인류가 종교의 자유를 누리기 시작한 것은 그리 오래되지 않았어. 중세 유럽에서는 가톨릭 교회가 큰 힘을 가지고 있었어. 가톨릭 교회는 유럽의 황제나 왕과 손잡고 권력을 키웠고, 다른 종교는 절대 인정하지 않았어. 가톨릭 교회는 이슬람은 물론이고 이단으로 여겨지는 교파들을 상대로 전쟁을 벌였고, 예술, 과학, 철학 등을 공격했지. 가톨릭 교회는 점점 타락하기 시작했고, 이에 반대하는 세력들이 점점 늘어 갔어. 오랜 전쟁을 치른 뒤 마침내 인류는 종교의 자유를 얻게 되었고, 이와 더불어 철학과 예술, 과학도 눈부시게 발달했어.

세상에는 수많은 종교가 있어. 기독교와 이슬람교도 그 가운데 하나야. 이슬람교 교리를 제대로 알지 못하면서 이슬람 신자 모두를 인류를 위협하는 테러 분자라고 주장한다면, 그리고 그런 주장에 많은 사람들이 동의한다면 세상은 어떻게 될까? 아마도 중세 시대처럼 발전을 멈출 거야.

대부분의 종교는 관용과 사랑을 중요한 덕목으로 여기고 있어. 이러한 덕목을 실천하는 마음가짐으로 다른 종교에 대해 인정하고 이해한다면 세계의 평화를 지킬 수 있지 않을까?

생각해 보아요

✽ 모든 사람들에게 똑같은 기회를 주는 게 평등한 걸까?

우리는 흔히 누구나 차별 없이 똑같은 기회를 갖는 것을 평등이라고 생각해. 그럼 장애를 가진 학생에게 다른 학생들보다 시험 시간을 더 주는 것은 불평등일까? 대학에서 농어촌 학생들을 일정 수만큼 뽑는 것도 평등에 어긋나는 것일까? 국회의원 선거를 할 때 여성, 장애인, 소수 민족 후보의 비율을 정해 놓는 것도 불평등한 것일까?

우리 사회에서 장애인, 여성, 농민, 이주 노동자, 탈북자 등은 상대적으로 약자에 속해. 그래서 이들을 사회적 약자

▲장애를 갖고 있는 소년이 재활훈련을 하고 있다.

라고 부르기도 해. 사회적 약자들은 기본적인 권리를 누리지 못하고 차별당하는 경우가 많아. 이들은 다른 사람들과 똑같은 조건으로는 사회에 진출하기가 매우 어려워. 직업을 갖기도 어렵고, 학업을 이어 가기도 쉽지 않지. 어쩌면 사회적 약자에게 더 많은 기회를 주는 것이 진정한 평등일지도 몰라. 너희들의 생각은 어떠니?

✽ 어린이들에게도 인권이 있을까?

요즘은 어린이 인권이 화제가 되고 있어. 사실 어린이의 인권을 인정하고 존중하게 된 것은 그리 오래되지 않았어. 예전에는 어린이를 독립된 인격체로 대하지 않았어. 혹독하게 가르쳐야 할 대상이거나 그저 어른들의 일을 대신하는 일꾼으로 여겼지. 그래서 어린이들이 잘못하면 매질하고 고통스러운 체벌을 가했어. 또, 어른들을 대신해서 힘들고 위험한 일을 해야 했어. 특히 산업 혁명이 일어나면서 어린이들은 어른들처럼 일해야 했어. 좁은 탄광에 들어가 석탄이 실린 수레를 밀기도 하고, 옷감을 짜는 공장에서 오랫동

안 일을 했지. 사고로 죽거나 병을 얻어 죽은 어린이들도 아주 많았어.

어린이들의 희생이 계속되면서 조금씩 어린이 인권에 대한 생각이 싹트기 시작했어. 그리고 어린이들이 공장이나 탄광 등 열악한 환경에서 오랜 시간 일하는 것을 제한했고, 의무 교육을 실시하게 되었지.

20세기에 들어서자 어린이 인권을 보장하기 위한 국제적인 움직임이 활발해졌어. 특히 제1차 세계 대전으로 많은 어린이들이 희생되고 기아, 질병, 영양실조로 고통받자 1923년에 세이브더칠드런의 창립자 에글렌타인 젭은 5개 조항으로 된 '아동 권리 선언'을 작성했어. '아동 권리 선언'은 모든 어린이가 누려야 할 권리를 담고 있으며, 어린이 인권 관련 국제 조약의 출발점이 되었어.

▲소년이 무거운 짐을 지고 있다.

우리나라에서는 1923년, 방정환이 '아동의 권리 공약 3장'을 만들었어. 방정환은 어린이를 보호의 대상으로만 여겼던 아동 권리 선언에서 한발 더 나아가 어린이를 완전한 인격체로 여기고 예의를 갖추어 대해 줄 것을 주장했어. 또, 만 14세 미만의 어린이가 노동에 시달리는 것을 막아야 하며, 어린이는 가정이나 사회적 시설에서 즐겁게 배우고 놀 수 있어야 한다고 주장했어.

어린이의 인권을 지켜라! 유엔 아동 권리 선언

'어린이 권리 선언' 이후 '유엔 아동 권리 선언' 등을 채택하였고, 어린이 인권에 대한 관심은 점점 높아졌어. 하지만 여전히 세계 곳곳에서 많은 어린이들이 기아, 질병, 가난, 전쟁, 학대로 고통받았지. 국제 연합은 반드시 지켜야 하는 국제 조약을 만들기로 뜻을 모으고 1989년에 '유엔 아동 권리 협약'을 채택했어. '유엔 아동 권리 협약'은 '세계 인권 선언'의 정신과 내용을 바탕으로 하고 있어.

'유엔 아동 권리 협약'은 어린이 인권에 관한 법적 구속력을 갖는 국제 조약으로 여기에 가입한 나라는 반드시 이 협약을 따라야 해. 그리고 이 협약에 가입한 국가의 정부는 약속한 내용을 얼마나 잘 지키고 있는지 보고서를 작성해 정기적으로 유엔아동권리위원회에 제출해야 해. 아동 권리 전문가들로 구성된 유엔아동권리위원회에서는 보고서를 보고, 시정하거나 개선해야 할 사항이 있으면 해당 나라에 조치를 취하도록 권해. 현재 미국과 소말리아를 제외한 모든 국제 연합 가입국이 이 협약을 비준했어.

영양과 보건
우리는 건강하게 자랄 권리가 있습니다. 충분한 영양을 섭취하고 깨끗한 물을 얻을 수 있어야 하며 병원이나 보건소 등에서 치료받을 수 있어야 합니다.

전쟁 속의 어린이
우리는 전쟁 지역에서 특별한 보호를 받아야 하며 15세 미만일 때에는 절대 군대에 들어가거나 전투 행위에 참여해서는 안 됩니다.

'유엔 아동 권리 협약'은 아동의 생존, 보호, 발달, 참여의 권리를 담고 있어. 어린이라면 누구나 이 협약에 따라 안전한 주거지에 살 권리, 충분한 영양을 섭취하고 적절한 의료 혜택을 받을 권리, 학대와 방임·차별·폭력·고문·징집·부당한 처벌·노동·약물과 성폭력 같은 위험 요소로부터 보호받을 권리, 교육받을 권리, 여가를 즐길 권리, 문화생활을 즐길 권리, 종교의 자유를 누릴 권리, 자신의 의견을 말하고 존중받을 권리, 사생활을 보호받을 권리, 유익한 정보를 얻을 권리를 누릴 수 있어.

이 협약을 지켜야 할 의무는 정부에 있지만 더 많은 사람들에게 어린이 인권에 대한 교육이 이루어져야 해. 어린이 인권에 대해 제대로 알고 있어야 우리 주변에서 일어나는 어린이 인권 문제를 해결할 수 있을 테니까. 그리고 어린이 스스로 자신들의 인권 문제에 관심을 갖고 의견을 표현할 수 있어야 한단다.

어린이 노동
우리는 위험하거나 교육에 방해가 되거나 우리의 몸과 마음에 해가 되는 노동을 해서는 안 됩니다.

교육
우리는 교육받을 권리가 있습니다. 초등교육을 무료로 받을 수 있어야 하며 능력에 맞게 더 높은 교육도 받을 수 있어야 합니다.

2장

무력 분쟁으로부터
보호받을 권리

평화로운 세상에서 살고 싶어

'전쟁'이라는 말을 들으면 가장 먼저 무엇이 떠오르니? 군인, 폭격, 죽음, 눈물 같은 것들이 떠올라 기분이 좋지 않다고? 아마 이 세상에 전쟁을 좋아하는 사람들은 없을 거야. 대부분은 다른 사람들과 서로 어울려 평화롭게 살고 싶어 해. 너희들도 마찬가지일 거야.

하지만 지금 이 순간에도 지구촌 곳곳에서는 인종과 민족, 종교와 사상이 다르다는 이유로 서로를 미워하고 죽이거나 다른 사람보다 더 많은 자원을 차지하기 위해서 전쟁을 하고 있어. 이로 인해 많은 사람들이 크게 다치거나 목숨을 잃거나 한순간에 살 곳을 잃고 있지.

전쟁은 직접 전장에서 싸우는 병사들에게도 위험하지만 스스로를 보호할 능력이 없는 민간인들, 그 가운데서도 여자들과 어린이들에게 아주 위험해. 국가는 전쟁이 일어났을 때 어린이를 보호할 의무가 있어. 하지만 막상 전쟁이 일어나면 가장 먼저 위험에 처하게 되는 것은 어린이들이지.

이들은 나라의 보호를 받지 못하는 난민이 되기도 하고, 전쟁을 일으킨 어른들에 의해 전쟁의 도구로 이용되기도 해.

최근 잦은 내란과 전쟁으로 몸살을 앓고 있는 아프리카, 아시아, 라틴 아메리카, 중동 지역 등에서는 너희들과 비슷한 또래의 친구들이 총을 들고 전쟁터에 나가고 있단다. 어린이들이 전쟁에 동원되고 희생되는 것을 막기 위한 국제 조약들이 채결되었지만 제대로 힘을 발휘하지 못하고 있지.

지금 이 순간에도 지구촌 어딘가에서 어린이 병사들이 원치 않는 전쟁에 내몰리거나 가족과 고향을 잃고 난민이 되어 배고픔과 질병에 맞서 싸우고 있어. 지금부터 전쟁으로 고통받는 친구들의 이야기를 들어 보기로 하자.

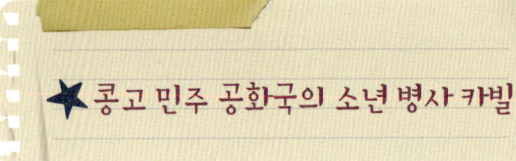

★ 콩고 민주 공화국의 소년 병사 카빌

콩고 민주 공화국의 카빌은 내전 중에 가족을 잃었어. 가족이 없는 카빌은 반군들에게 강제로 끌려가 소년 병사가 되었어. 소년 병사가 된 건 카빌만이 아니었어. 하굣길에 납치당한 아이들, 가족과 도망치다 잡혀 온 아이들, 또 어떤 아이들은 가족을 잃고 그 원수를 갚기 위해 스스로 소년 병사가 되기도 했어.

반군들은 아이들에게 총을 쥐어 주고 쏘는 법을 가르쳤어.

"총이 가벼워서 다루기 쉬웠어요. 우리는 장난감을 가지고 놀 듯 총을 가지고 훈련을 받았어요."

총을 가진 아이들은 큰 힘을 얻은 듯했지만 곧 무서운 경험을 해야 했지.

"그들은 우리를 끌고 마을로 내려가 친척들을 죽이게 했어요. 만약 우리가 그들의 말을 듣지 않으면 우리를 죽이겠다고 협박했지요."

반군들이 카빌의 머리에 총구를 겨누고 위협하자 결국 그는 친척을 향해 총을 쏘았어.

"도망치고 싶었지만 돌아갈 곳이 없어요. 누가 친척을 죽인 사람을 받아 주겠어요? 저는 다시는 고향으로 돌아가지 못할 거예요."

반군들은 납치한 아이들이 도망치는 것을 막기 위해 이렇게 끔찍한 살인을 저지르게 했어.

그 뒤 카빌은 전쟁터에 나가게 되었어.

"지뢰가 묻혀 있을 만한 위험한 곳에는 아이들을 먼저 내보냈어요. 그 과정에서 지뢰가 터져 죽거나 다친 아이들도 많았어요. 반군들은 다친 아이들을 그대로 버리고 가 버렸어요."

카빌은 위험에 빠진 친구들을 돕고 싶었지만 그럴 수 없었어. 반군들의 명령에 따르지 않거나 도망치다 붙잡히는 아이들은 끔찍한 고문을 당하거나 죽임을 당하기도 했거든.

"사령관이 탈출하다 붙잡힌 친구를 죽이라고 명령했어요. 저는 싫다고 울었지요. 그 일로 정신을 잃을 때까지 맞아야 했어요."

▲이 소년(왼쪽)은 가족을 보살피기 위해 15세에 무장 세력에 합류하여 보초를 서고 있다.

47

13살 카빌에게 전쟁의 기억은 너무도 끔찍했어. 강제로 소년 병사가 되어 전쟁터에 나가야 했고, 사람을 죽여야 했지. 카빌은 전쟁 중에 총알이 다리에 박혀 제대로 걷지도 못하게 되었어. 카빌이 견딜 수 없는 까닭은 다친 몸 때문만이 아니야. 마음에 새겨진 상처가 너무 아파 앞날을 꿈꿀 수조차 없게 되었기 때문이야.

그런데 누가 카빌에게 이렇게 큰 상처를 준 것일까?

18살 미만으로 군대나 무장 단체에 소속된 어린이 병사들은 정규군이나 비정규군으로 직접 전투에 나서거나 짐꾼이나 연락병으로 일하거나 조리나 심부름 따위를 맡기도 해.

카빌처럼 전투에 참여하고 있는 18세 미만 소년 병사의 수는 전 세계적으로 25만 명에 이른다고 해. 하지만 그 숫자를 정확하게 파악하기는 어려워. 어린이 병사들이 있는 나라나 부대에서 이들의 존재를 숨기고 국제 연합이나 시민 단체의 감시를 거부하기 때문이야. 특히 아프리카, 아시아, 중동, 남미 등에서 전투에 나서는 소년병들이 아주 많아. 그 숫자도, 실태도 제대로 파악할 수 없는 소년병들은 지금도 위험한 전쟁터에서 안전과 성장을 위협받고 있단다.

세계 여러 나라들이 18세 미만의 어린이의 군대 동원을 금지하는 국제 조약에 뜻을 같이했지만 여전히 많은 어린이들이 병사가 되어 전쟁터에 나서고 있어. 이들은 어른들을 대신해 총알받이가 되기도 하고, 적진에 침투해 정보를 알아내기도 해. 때론 직접 폭탄을 들고 적진에 뛰어들기도 하지. 또, 제대로 교육을 받지도 못하고 먹지도 못하며 전투 중에 다쳐도 치료조차 받지 못하고 있어.

전쟁이 끝난 곳에서는 많은 어린이들이 군대에서 풀려났지만, 아직도 전쟁이 계속되거나 새롭게 전쟁에 휩쓸린 지역에서는 어린이들이 계속 전쟁에 동원되고 있단다.

★ 수단의 소녀 병사 리리

전쟁터로 끌려가는 것은 남자아이들뿐만이 아니야. 여자아이들도 소녀 병사가 되어 전쟁터로 끌려가지.

11살 리리는 부모님과 밭에서 일을 하다 갑자기 나타난 군인들에게 끌려가 소녀 병사가 되었어. 병사들은 딸을 잃지 않으려고 매달리는 리리의 부모를 총으로 위협한 뒤 리리를 납치했어.

"군대에 끌려와 가장 먼저 총 쏘는 법을 배웠어요. 그리고 군대의 온갖 허드렛일을 해야 했지요. 밥을 짓고 빨래를 하는 등 정말 쉴 새 없이 일을 했어요."

리리는 7년 동안 전쟁터에서는 병사로, 군대에서는 가정부로 일하며 지냈어. 게다가 성적 학대까지 당했어.

"저는 원하지 않는 아이를 둘이나 낳았어요. 전쟁 중에 아이를 제대로 돌볼 수 없어서 첫 아이는 죽고 말았어요."

리리는 아이를 업고 전쟁터에 나가기도 했어. 총알이 빗발치는 전쟁터에서 아이를 업고 총을 쏘던 순간은 떠올리는 것조차 끔찍한 일이었어.

"악몽 같았어요. 제게 일어난 모든 일들이 한순간의 아주 무서운 꿈이기를 바랐어요. 어서 이 무시무시한 꿈에서 깨어나 엄마 품에 안기고 싶었어요."

하지만 리리의 바람은 이루어지지 않았어.

"전투가 없을 때면 마을로 내려가 아이들을 끌고 오기도 했어요. 울면서

끌려오는 아이들을 보는 것이 마음 아팠지만 어쩔 수 없었어요."

반군들은 어린 병사들을 겁주고 말을 듣지 않으면 고문을 하거나 죽이기도 했어. 눈앞에서 죽어 가는 친구들을 보며 리리는 눈물조차 흘리지 못했어.

얼마 후 리리는 다행히 아기와 함께 구조되어 보호받게 되었어. 하지만 한동안 누구에게도 쉽게 마음을 열지 못했지.

"앞으론 어떻게 살아가야 할지 모르겠어요. 고향으로 돌아가도 아무도 저를 받아 주지 않을 거예요. 우리 아기도 미움을 받을 거예요."

리리는 아이와 함께 살아가는 데 도움이 되는 기술을 배우고 싶었지만 보호소에서는 원하는 교육을 받기 어려웠어. 군대에서 벗어났지만 리리는 앞날을 기약할 수 없다는 생각에 웃음까지 잃었어. 리리는 언제쯤 환한 웃음을 되찾을 수 있을까? 앞으로 리리와 아기는 행복한 삶을 살아갈 수 있을까?

왜 전쟁터에 여자아이들을 끌고 가는 것일까? 리리처럼 전쟁터에 끌려온 여자아이들은 큰 고통을 겪는단다. 직접 총을 들고 전쟁에 나서는 것은 물론이고 온갖 허드렛일에 성적 학대까지 당하는 경우가 많아. 성적 학대를 당한 뒤 원하지 않는 아기를 낳기도 하고 억지로 결혼을 강요당하기도 한단다.

전쟁터에서 태어난 아기들은 영양가 있는 음식을 공급받지 못하거나 불결한 환경 때문에 제대로 자라지 못하고 죽는 경우도 많아. 또, 소녀들 중에는 어린 나이에 아이를 낳다가 죽는 경우도 많지. 자신을 돌보기도 벅찬 소녀들이 전쟁터에서 아기를 낳아 키우기란 결코 쉽지 않아. 게다가 성적 학대를 당한 소녀들은 몸과 마음에 큰 상처를 입은 채로 오랫동안 고통을

▼이 소녀는 약혼자의 죽음을 복수하려고 무장 그룹에 합류했지만 남성 군인의 학대를 받았다. 그녀는 아동 보호소에서 레스토랑 운영의 꿈을 이루기 위해 비즈니스 교육을 받고 있다.

받게 되지.

　어린이 병사들을 돕고 있는 단체들은 리리처럼 아기와 함께 군대에서 구출된 병사들에게 관심을 기울이고 있어. 심리 치료를 통해 이들의 마음을 어루만지고, 아이와 함께 자립할 수 있도록 재활 교육도 실시하고 있어. 하지만 아직은 그 시설이 많지 않고, 지원도 지속적으로 이루어지고 있지 않아. 리리 같은 소녀들과 아기들이 함께 도움을 받을 수 있는 체계적이고 지속적인 지원이 절실히 필요하단다.

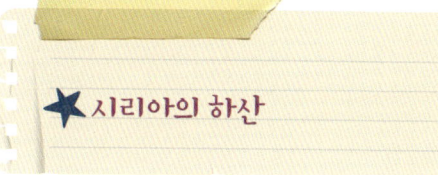
★ 시리아의 하산

하산은 최근 고향을 떠나 요르단의 자타리 난민 캠프로 왔어. 내전으로 폐허가 된 시리아를 등진 사람들은 국경을 넘어 난민촌으로 향했고, 난민촌으로 가지 못한 사람들은 국경 근처의 빈집을 찾아 머물기도 했어. 하산은 자타리 난민 캠프로 떠나기 전, 반정부 세력의 소년병이었어.

"저는 자유 시리아군에서 음식과 물, 탄약을 운반하는 일을 했어요. 우리 군대에는 내 또래 아이들이 많았어요. 정부군이 탱크를 앞세워 공격하자 반군 사령관은 우리들을 묶어 인간 방패로 사용했어요."

아이들을 전투에 동원하는 건 정부군이나 반군이나 마찬가지였어. 전투 중에 정부군에 붙잡힌 하산은 심한 고문을 당했어.

"정부군은 저를 묶어 천장에 매달아 두었어요. 전기 고문도 했어요."

당시 시리아 정부군은 반군에 관한 정보를 얻거나 자백을 받아 내기 위해 어린 병사들을 고문하고 죽이기도 했어.

하산은 폭격을 틈타 목숨을 걸고 도망쳤어. 힘들게 고향으로 돌아왔지만 모든 것이 달라져 있었어.

"집도, 마을도, 학교도 모두 폭격에 흔적도 없이 사라져 버렸죠. 그런데 모두가 떠난 그곳에서 우리 가족이 저를 기다리고 있었어요. 다시 가족을 만난 것은 기적과도 같았어요."

하산은 가족들과 함께 시리아를 떠나 요르단에 도착했어.

끝이 보이지 않는 철조망과 수많은 천막들, 사막의 모래 바람과 구호물

자를 실은 트럭들이 뿜어내는 먼지……. 하산은 거대한 자타리 난민 캠프의 첫인상을 생생히 기억하고 있어.

"식량이나 물, 생필품, 의약품 같은 것들이 늘 부족했어요. 식량 때문에 싸움이 나기도 하고, 먹을 것을 받으려면 길고 긴 줄을 서야 했지요. 그래도 저는 가족과 함께 그곳에 있는 것이 좋았어요. 그곳에 살고 있는

▲많은 사람들이 난민 캠프에서 생활하고 있다.

많은 아이들이 전쟁 중에 사랑하는 가족을 잃었거든요. 비록 난민 캠프에서라도 가족과 함께할 수 있다는 것은 정말 행복한 일이었어요."

하산은 요즘 난민 캠프에 세워진 임시 학교에 다니며 어린 동생들을 돌보고 있어.

"전쟁이 끝나지 않는 한 아이들의 고통도 끝나지 않을 거예요."

하산은 전쟁터를 떠나왔지만 아직도 그곳에서의 두려움을 떨쳐 내지 못하고 있어. 어른들의 욕심으로 시작된 전쟁의 참상을 온몸으로 기억하는 아이들. 그 누가 하산 같은 아이들의 상처를 치료해 줄 수 있을까?

난민은 전쟁이나 재난으로 어려움을 겪는 사람들을 뜻해.

최근에는 인종이나 사상, 종교 등의 이유로 어려움을 겪는 사람들도 난민이라고 부르지. 전쟁으로 인해 국가의 보호를 받지 못하는 난민의 수는 1,500만 명이 넘는다고 해. 그리고 이 가운데 44퍼센트가 어린이들이야.

세계 여러 나라들은 전쟁이나 위험을 피해 고국을 떠나온 난민들을 안전하게 보호하기로 약속했어. 난민은 외국인과 같은 권리를 누리고 적절한 지원을 받을 권리가 있어. 하지만 실제로 난민들의 생활은 아주 비참해.

난민들은 살 곳을 찾아 이나라 저나라를 떠돌기도 하고, 난민촌에 들어가 생활하기도 해. 난민촌의 난민들은 비바람을 겨우 피할 수 있는 천막에서 최소한의 식량을 배급받아 살아가고 있어. 식량과 마실 물조차 충분하지 않은 난민촌에서 적절한 교육과 의료 혜택은 꿈도 꿀 수 없어. 난민들은 안전하게 고향으로 돌아갈 날을 기다리며 어려움을 견디고 있단다.

★ 시에라리온의 이스마엘

　이스마엘은 또래의 다른 아이들처럼 랩 음악과 춤을 좋아하는 아이였어. 하지만 1993년 이스마엘이 열두 살이 되던 해, 한순간에 모든 것이 달라졌어. 내전이 일어나면서 가족과 헤어져 홀로 여기저기를 떠돌게 된 거야. 이스마엘은 전쟁 속에서 수많은 사람들이 서로 싸우다 죽어 가는 모습을 보며 두려움에 떨었어.

　"밤이면 버려진 집에서 잠을 자고, 총을 든 사람들의 눈을 피해 밀림 속

에서 숨어 있기도 했어요."

이스마엘은 정부군에게 잡혀 소년병이 되어야 했지. 정부군은 어린 이스마엘에게 총을 쥐어 주고는 총 쏘는 법을 가르쳐 주었어.

"처음 총을 잡았던 순간을 잊지 못해요. 너무 무서워서 이제는 죽는구나, 하고 생각했어요."

첫 전투에 나간 이스마엘은 두려워서 총을 쏘지 못했어. 그러자 군인들이 그에게 알약을 건네 주었지.

"약을 먹으면 겁이 나지 않았어요. 미친 듯이 총을 쏘고 전장을 누볐지요. 마치 제가 영웅이 된 것 같았어요."

군인들이 준 약은 정신을 몽롱하게 만드는 마약이었고, 이스마엘은 약 기운으로 총을 쏘고 사람들을 죽였어.

"저는 2년 동안 약에 취해 총을 쏘았고, 춤도 노래도 모두 잊었어요. 제 심장은 얼음처럼 차가워졌고, 더는 사람을 죽이는 게 두렵지 않았어요."

이스마엘은 점차 자신의 본모습을 잃어 갔어.

그러던 어느 날, 소년병들을 구하기 위해 나선 유니세프에 의해 구출되었어.

"저는 제가 완전히 망가졌다고 생각했어요. 다시 예전의 모습으로 돌아갈 수 없을 거라고 생각했지요. 하지만 조금씩 변화가 일어났어요."

이스마엘은 유니세프의 도움으로 2년 만에 지옥 같았던 군대를 벗어날 수 있었어.

"유니세프에 의해 구출된 뒤 재활 훈련을 받았어요. 그리고 미국으로 건

너가 양부모님을 만났지요. 저는 공부를 하기로 결심했어요. 제가 겪은 일들을 더 많은 사람들과 나누고 싶었어요. 그리고 저처럼 손에 총을 쥐고 전쟁터에 나서는 아이들을 돕고 싶었어요."

대학에서 정치학을 공부한 이스마엘은 자신의 이야기를 책으로 썼어. 그리고 전쟁으로 고통받는 어린이를 위한 유니세프의 홍보 대사로 활동하며 어린이들의 권리를 보호하는 일을 하고 있어. 한때는 자신이 전쟁의 피해자였던 이스마엘은 같은 아픔을 겪고 있는 어린이들을 위한 활동가로 일하며 이들을 돕고 있어.

"더는 저와 같은 아픔을 겪는 어린이들이 없기를 바랍니다. 제발 어린이들을 어른들 전쟁의 도구로 사용하지 마세요."

스스로의 아픔을 극복하고 다른 사람들의 아픔을 어루만지겠다는 이스마엘의 꿈은 이루어질 수 있을까?

이스마엘은 우리나라에도 소개된 《집으로 가는 길》이라는 책의 저자야. 그는 자신이 겪었던 악몽 같았던 전쟁 이야기를 용기 있게 고백했고, 지금은 자신과 같은 아픔을 겪고 있는 어린이들을 돕고 있어.

이스마엘뿐만 아니라 소년병이었던 많은 사람들이 자신의 아픔을 딛고 다른 사람들을 돕는 일에 나서고 있어. 이들은 한결같이 말하지. 더는 어린이들을 전쟁터에 세우지 말라고 말이야. 전쟁을 경험하는 것은 누구에게나 큰 상처야. 특히 어린이들은 어른보다 더 큰 상처를 받게 되지. 총을 들고 전쟁터에 나가 누군가를 죽였던 어린 시절의 기억은 평생 악몽처럼 그 사람을 따라다닐 거야.

어린이가 전쟁에 동원되는 것을 막는 것만큼이나 중요한 일은 기존의 어린이 병사들을 안전하게 사회로 돌려보내는 거야. 사실 어린이 병사들이 군대에서 풀려나도 다시 사회로 돌아오는 것은 쉽지 않아. 사람을 죽였다는 죄책감을 떨쳐 내기도 어렵고, 군대에서 겪었던 끔찍한 일을 잊기도 힘들어. 전쟁 중에 부상을 입어 건강을 잃기도 하지. 고향에서도 그들을 환영하지 않아. 많은 사람들이 어린이 병사들을 두려워하고 꺼리기 때문이야. 더군다나 어린이 병사들이 수년 동안 전쟁터를 떠도는 동안 가족이 죽거나 가족과 연락이 끊기는 경우도 많아. 그래서 다시 군대로 되돌아가는 아이들도 있어.

이들이 다시 군대로 돌아가는 것을 막기 위해서는 적절한 치료와 교육이 이루어져야 해. 이를 위해 몇몇 나라에서는 시민 단체들을 중심으로 어린이 병사들을 수용하고 교육하는 시설을 만들기도 했어. 이곳에서 어린이 병사들은 직업 훈련을 받거나 학교로 돌아갈 준비를 해. 또 심리 치료를 통해 많은 아이들이 이스마엘처럼 전쟁에 동원되어 겪었던 아픔을 극복하고 더 나은 미래를 꿈꾸게 되지.

하지만 아이들을 도울 수 있는 시설과 운영에 필요한 돈과 인력이 턱없이 부족해. 그래서 이러한 교육 시설이 제 기능을 다하지 못하는 경우도 많단다.

> 궁금해요

✱ 왜 어린이들을 전쟁터에 세우는 걸까?

많은 소년 병사들이 전쟁에 나서게 된 것은 총을 비롯한 전쟁 무기들의 크기가 작아지고 가벼워지면서 어린이들도 쉽게 무기를 다룰 수 있게 되었기 때문이야. 게다가 어린이들은 어른에 비해 이용하기도 쉬워. 조금만 겁을 줘도 말을 잘 듣고, 총을 주면 어른보다 쉽게 절제력을 잃고 사람을 쏘기도 하지. 또, 어린이들은 강제로 끌고 가기도 쉽기 때문에 언제든 그 수를 채울 수 있어. 그뿐만이 아니야. 어린이 병사들은 적들의 의심을 덜 받을 수 있기 때문에 적진에 들어가 적들의 움직임을 파악하기에도 유리해. 이런 이유 때문에 비겁한 어른들이 어린이들을 전쟁에 동원하는 거야.

✱ 어떻게 하면 어린이들이 전쟁에 동원되는 것을 막을 수 있을까?

어린이들이 전쟁에 동원되는 것을 막기 위해 국제 사회에서는 어린이를 군대에 끌고 가거나 전쟁터에 세우는 것을 최악의 어린이 노동 착취이자 전쟁 범죄라고 정했어. 그리고

전투에 동원되는 18세 미만의 어린이들은 전 세계적으로 25만 명에 이르는 것으로 추정된다.
소년병종식연합(CSUC) 자료 제공

각 나라에 철저한 조사와 처벌을 요구했어. 2000년에는 '어린이의 무력 분쟁 참여에 관한 선택 의정서'를 '유엔 아동 권리 협약'의 추가 의정서로 정했어. 이 조약에는 15세 미만의 어린이가 전투에 참가하거나 정부군이나 무장 단체에 의해 동원되는 것을 금지하는 내용이 담겨 있어. 또, 어린이 스스로 정부군에 입대할 수 있는 최소 연령을 18세로 높이는 내용도 담겨 있지.

인권 관련 시민 단체들이 힘을 모아 어린이 병사를 금지하는 국제 조약이 철저히 지켜지도록 감시하고, 어린이 병사 반대 운동을 지속적으로 이어 가고 있어. 다행히 해마다 보고되는 어린이 병사의 수는 줄고 있어. 하지만 여전히 세계 곳곳의 분쟁 지역에서는 어린이들이 총을 들고 전쟁터로 나서고 있어. 어린이 병사 문제가 해결되려면 사회가 안정을 되찾고, 어린이를 전쟁에 이용하는 비겁한 어른들이 사라져야 해. 좀 더 많은 사람들이 어린이 병사 문제에 관심을 갖는다면 어린이가 손에 총을 쥐는 일은 사라지게 될 거야.

어린이 인권을 지키기 위하여 활동하는 단체들

어린이 인권에 대한 관심이 높아지면서 전 세계에서 어린이의 인권을 지키기 위해 활동하는 단체들이 많이 생겨 났어. 이 가운데 대표적인 단체로는 국제앰네스티, 세이브더칠드런, 유니세프(국제 연합 아동 기금) 등이 있어.

국제앰네스티는 1961년에 만들어진 국제 인권 단체로 '세계 인권 선언문'에 기초하여 세계 여러 나라에서 인권이 제대로 지켜지는지 감시하고 평가하는 활동을 하고 있어. 특히 정치에 대한 생각과 사상, 그리고 종교 때문에 억울하게 감옥에 갇혀 있는 사람들을 석방시키고, 비인간적인 고문과 사형 제도를 없애기 위해 노력하고 있지. 또, 어린이 병사 문제를 해결하기 위한 적극적인 활동도 벌이고 있어. 전 세계를 무대로 인권을 지키기 위해 열심히 노력하는 국제앰네스티는 노벨 평화상(1977년)과 유엔 인권상(1978년) 등을 수상했고, 국제 연합과 유럽 의회, 미주 인권 위원회의 자문 기구 역할을 수행하며 162여 개 나라에 지부를 두고 110만 명의 회원들이 활동하고 있어.

▲사형반대의 날에 국회에서 사형제도 반대 퍼포먼스를 하고 있다.

▲교육에 소외된 소수 민족 아이들에게 글을 가르치는 학교를 운영하고 있다. ▲어린이들을 건강하게 먹이는 방법을 가르치고 영양실조를 예방하는 처치를 하고 있다.

세이브더칠드런은 1919년 영국에서 처음 만들어진 단체로 세계 모든 어린이들의 권리를 보호하기 위해서 활동하고 있어. 앞에서 보았던 것처럼 세이브더칠드런을 만든 에글렌타인 젭은 어린이들은 발달에 필요한 지원을 받아야 하며, 건강과 안전을 보장받고 재난이 닥쳤을 때 가장 먼저 보호받아야 한다는 내용을 담은 '아동 권리 선언'을 발표했어. 세이브더칠드런은 그녀의 뜻에 따라 오랫동안 무력 분쟁, 가난, 자연 재해 등으로 고통받는 어린이들과 자신의 권리를 제대로 누리지 못하는 전 세계 어린이들을 도와왔어.

현재 세이브더칠드런은 우리나라를 포함해 전 세계 30개 회원국이 120여 개국에서 가난과 질병, 학대로 고통받는 어린이들에게 의료, 교육, 어린이 보호 등 다양한 분야의 구호 사업을 펼치고 있어. 그리고 누구나 원한다면 세이브더칠드런을 통해 어려움에 처한 어린이를 직접 후원하거나 자원봉사를 할 수 있단다.

유니세프는 전 세계 어린이를 위해 일하는 국제 연합 기구야. 유니세프는 1946년에 설립된 이후 '어린이가 살기 좋은 세상'을 만들기 위해 전 세계를 무대로 활동하고 있어. 유니세프는 주로 개발도상국에서 가난과 분쟁으로 고통받는 어린이, 노동자, 난민, 거리의 아이들을 돕고 있으며 전 세계 어린이들을 위해 보건, 영양, 식수와 위생, 기초 교육, 어린이 보호, 긴급 구호 등 다양한 활동을 하고 있어.

현재 유니세프는 190여 개 나라에서 활동하고 있으며, 156여 개 개발도상국에서 어린

▲베냉 중부에 위치한 한 초등학교 여자아이들이 어깨동무를 하고 있다.

이들의 생명을 구하고, 어린이의 삶을 개선하기 위한 다양한 사업을 펼치고 있어. 국적과 이념, 종교 등의 차별 없이 전 세계 어린이를 위해 활동해 온 유니세프는 그 공로를 인정받아 1965년에 노벨평화상을 수상하기도 했어. 유니세프는 어린이 생존과 보호, 발달은 물론이고 어린이들이 자신들의 뜻을 펼치고 참여할 수 있도록 전 세계 어린이들의 권리를 지키기 위한 활동을 이어 가고 있어.

한국전쟁으로 유니세프의 도움을 받았던 우리나라는 이제 당당히 도움을 주는 나라로 성장했고, 현재 유니세프한국위원회를 통해 35만여 명의 후원자들이 전 세계 어린이들을 돕고 있단다.

이 밖에도 굿네이버스, 월드비전 등 다양한 단체가 도움이 필요한 어린이들을 위해 열심히 활동하고 있어. 굿네이버스는 한국에서 한국인이 세운 단체로, 국제 연합 경제 사회 이사회에서 엔지오에게 주는 최고의 지위를 우리나라에서 가장 먼저 획득한 기관이야.

굿네이버스는 굶주림 없는 세상, 더불어 사는 세상을 만들기 위해 국내에서는 아동보호전문기관과 학대피해아동그룹홈 운영을 통해 아동학대로 인해 고통받는 친구들을 보호하고, 아동의 권리에 대해 교육하고 있어. 그리고 전국에 있는 지부를 통해 가정 형편이 어려운 친구들을 돕고 있지. 또한 북한의 어린이들을 돕고 있으며, 해외에서는 학교와 마을에 깨끗한 식수를 제공해 주는 시설을 만들고, 어린들이 스스로의 권리를 지킬 수 있도록 교육하는 등 다양한 해외 구호 개발 사업을 하고 있어.

▲해외 구호 개발 사업을 통해 지원을 받고 있는 인도의 어린이들이 풍선을 들고 밝게 웃고 있다.

월드비전은 한국전쟁 때 고통받는 어린이들을 돕기 위해 생긴 단체로 최근에는 아

▲해외 교육 지원 사업을 통해 공부를 할 수 있게 된 학생들이 학교에 모여 수업을 듣고 있다.

시아, 아프리카 등 전 세계를 무대로 활발한 활동을 펼치고 있어. 월드비전은 어려움에 처한 어린이들뿐만 아니라 이들이 속해 있는 지역사회를 돕고, 긴급한 도움이 필요한 지역에 전문가를 보내 구호 활동을 벌이고 있어.

너희들도 어려운 친구들을 돕고 싶다면 이런 단체들을 통해 후원이나 봉사 활동을 할 수 있단다.

3장

교육받을 권리

모두가 즐거운 학교

　우리가 하루의 가장 많은 시간을 보내는 곳은 집과 학교일 거야. 우리는 학교에서 새로운 지식을 배우고, 세상을 보는 눈을 키워. 선생님과 친구들을 통해 세상과 소통하는 법, 더불어 살아가는 법을 배움으로써 더 나은 미래를 꿈꿀 수도 있어. 학교는 우리의 몸과 마음을 자라게 하는 중요한 곳이야.

　그런데 세상에는 학교에 가고 싶어도 가지 못하고, 배우고 싶어도 배울 수 없는 친구들이 아주 많아. 가난, 질병, 장애, 인종, 성별, 종교 등의 이유로 배움의 권리를 박탈당했거나 재난과 전쟁 등으로 배움의 기회를 놓쳤기 때문이지.

　학교에 다니지만 학교가 즐겁지 않은 친구들도 많아. 과도한 경쟁으로 내모는 부모님이나 선생님 때문에 고통받거나 학교 폭력에 시달리는 친구들이 그런 경우에 속하지. 또, 유학이나 중도 입국 등으로 학교에 적응하지 못하는 친구들도 있어.

　세상 모든 어린이들은 원하는 것을 배울 권리가 있어. 그리고 이 배움의 과정은 즐겁고 행복해야 해. 학교가 가기 싫은 곳, 무서운 곳이 되어서는 안 돼. 하지만 어린이들은 이런 권리를 제대로 누리지 못하고 있어. 많은 나라에서 전통이나 종교 등을 내세워 어린이들을 학교에 다니지 못하게 하기도 하고, 가난과 전쟁이 어린이들을 학교에서 내몰기도 하지.

　어떻게 하면 세상 어린이가 교육의 기회를 가질 수 있을까? 그리고 어떻게 하면 세상 모든 어린이에게 학교가 행복한 곳이 될 수 있을까? 지금부터 꽁꽁 닫힌 학교의 문을 열고 당당하게 배움의 권리를 되찾으려고 노력하는 친구들의 이야기를 들어 보자. 또, 힘겨운 학교생활을 하고 있는 친구들의 이야기에도 귀를 기울여 보자. 그리고 이들의 이야기 속에서 모두가 즐거운 학교의 문을 활짝 열 수 있는 열쇠를 찾아보자.

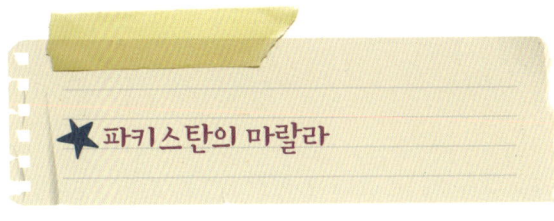
파키스탄의 말랄라

파키스탄 북부 스와트 계곡에 살던 말랄라는 11살이 되던 2009년, 여자들이 교육을 받지 못하게 하는 탈레반의 행동을 고발하는 글을 영국 BBC 방송국의 홈페이지에 남겼어. 당시 탈레반은 이슬람 율법을 따르는 무장 세력으로, 여자들의 교육과 사회 진출을 막고 있었어.

내가 사는 곳의 여자아이들은 학교에 다닐 수 없어요. 탈레반이 여자아이들의 등교를 금지했기 때문이에요. 그들은 여학교를 없애고, 여자들이 텔레비전을 보거나 음악을 듣는 것도 금지했어요. 게다가 여자들은 혼자 길거리를 걸을 수 없기 때문에 자유롭게 외출을 할 수도 없어요. 나는 학교에 가고 싶어요. 여자아이들도 교육을 받을 권리가 있어요.

말랄라의 글은 많은 사람들의 주목을 받았어. 파키스탄 정부군이 탈레반을 몰아내자 말랄라는 많은 사람들 앞에 모습을 드러냈어. 말랄라는 탈레반이 어떻게 소녀들을 학교에서 몰아냈는지 세상에 알렸고, 가난한 소녀들을 학교에 보내는 운동을 시작했어.

탈레반은 여성의 교육권을 주장하는 말랄라를 위협했어.

"이슬람의 율법을 따르지 않는 것은 곧 죽음을 뜻한다."

2012년 10월, 말랄라는 여느 때처럼 스쿨버스를 타고 집으로 돌아오는 중이었어. 그때 탈레반이 말랄라가 타고 있던 스쿨버스를 덮쳤어.

"네가 마랄라냐?"

탈레반은 마랄라를 향해 총을 쏘았고 마랄라는 그대로 쓰러졌어. 마랄라 곁에 있던 두 명의 여학생도 부상을 당했어. 머리에 총을 맞은 마랄라는 현지 병원에서 수술을 받았고 영국으로 옮겨져 남은 치료를 받았어.

마랄라의 소식이 전 세계에 전해지면서 많은 사람들이 탈레반을 비난했어. 수많은 사람들이 마랄라의 쾌유를 빌며 시위를 벌였고, '나는 마랄라다'라는 웹사이트도 만들어졌어. '네가 마랄라냐?'라는 탈레반의 물음에 전 세계 소녀들이 '내가 바로 마랄라다.'라며 나선 거지.

탈레반은 자신들의 잘못을 뉘우치기는커녕 서양 문화를 따르는 마랄라

를 반드시 죽이겠다며 으름장을 놓았어.

마랄라가 소녀들도 공부할 수 있게 해 달라는 글을 올리고 테러까지 당하자 많은 사람들은 큰 충격을 받았어. 그리고 모두가 한마음으로 마랄라의 회복을 기원했지. 많은 사람들의 바람 때문이었을까, 마랄라는 기적처럼 회복되었어. 죽음의 문턱에서 살아 돌아온 마랄라는 자신의 열여섯 살 생일에 국제 연합 뉴욕 본부에서 연설을 했어.

"어떤 위협에도 이 땅의 모든 여자아이들과 남자아이들이 학교에 다닐 수 있고, 인권이 보장되는 세상을 만들어 주세요. 한 명의 어린이, 한 명의 선생님, 한 자루의 펜, 한 권의 책이 세상을 바꿀 수 있어요. 우리에게 책과 펜을 주세요. 책과 펜은 세상을 바꾸는 가장 강력한 무기예요."

마랄라는 두려움 없이 세상을 향해 외쳤어.

여자아이들도 마음껏 공부하는 세상을 꿈꾸는, 세상 모든 마랄라들의 바람은 이루어질 수 있을까?

마랄라는 그토록 원하던 공부를 했고, 지금은 어린이와 여성들의 교육 받을 권리를 지키기 위해 다양한 활동을 펼치고 있어. 마랄라는 앰네스티 인터내셔널 최고상과 유럽 의회가 수여하는 사하로프 인권상을 수상했고, 타임지가 선정한 '전 세계에서 가장 영향력 있는 100인'에 선정되기도 했어. 또 노벨 평화상 후보에 오르기도 했지.

　마랄라는 전 세계적으로 6,100만 명의 어린이가 초등 교육을 못 받고 있는데, 이 가운데 여자 어린이가 3,400만 명에 달한다며 자신과 같은 소녀들에게 공부할 수 있는 기회를 넓혀 달라고 세계 모든 사람들에게 호소했어.

　이런 마랄라의 간절한 호소는 많은 사람들에게 감동을 주었어. 그리고

이로 인해 세상 모든 소녀들이 마음껏 공부할 수 있는 세상을 만들기 위한 정책과 기금이 만들어졌어. 어린 소녀의 용기는 같은 처지에 놓인 또래 친구들에게 힘을 주었어.

국제 연합의 발표에 따르면 약 2억 5,000만 명의 어린이들이 기본적인 문장을 읽지 못할 정도로 전혀 교육을 받지 못하고 있다고 해. 이들은 대부분 전쟁이나 내란에 시달리는 분쟁 지역의 어린이들이야. 또, 이 중에는 장애를 가진 어린이나 여자 어린이들의 비율도 높아.

국제 연합은 전 세계 모든 어린이들이 동등하게 초등학교 전 과정을 이수하도록 '보편적 초등 교육 실현'이라는 목표를 정했고, 유네스코도 범세계적인 기초 교육 운동인 '모두를 위한 교육'을 이끌고 있어.

세계 각국의 정부와 시민 단체들도 좀 더 많은 어린이들이 초등 교육을 받을 수 있도록 교육 행정을 펼치고 교육 봉사를 하고 있단다. 하지만 아직도 전통, 전쟁, 성별, 가난, 장애 때문에 당연히 누려야 할 '교육의 권리'를 누리지 못하는 어린이들이 아주 많단다.

★ 인도의 마니쉬

달리트는 불가촉천민으로 불리는 인도의 가장 낮은 계급이야. 법적으로는 사라졌지만 아직도 카스트 제도라는 신분 제도가 남아 있어. 카스트 제도는 브라만, 크샤트리아, 바이샤, 수드라 4개의 계급으로 신분을 나누는데, 소년 마니쉬 쿠마르는 불가촉천민으로, 가장 낮은 계급에도 속하지 못할 정도의 신분이라 업신여김을 당했어.

"사람들은 우리 같은 불가촉천민들과는 스치기만 해도 더러워진다고 생각해요. 우리 집은 대대로 무두장이 일을 하고 있어요. 저는 공부를 해서 과학자가 되고 싶지만 공부를 할 돈도, 기회도 없어요."

공부를 하고 싶다는 마니쉬의 꿈은 쉽게 이루어지지 않았어. 아버지를 도와 동물 가죽을 두드리며 하루 종일 일해야 했기 때문에 학교에 갈 엄두도 내지 못했어.

그러던 어느 날, 마니쉬는 마을에 야학이 들어섰다는 것을 알게 되었어. 일을 마친 깜깜한 밤, 마니쉬는 전기도 들어오지 않는 천막에서 태양 전지로 빛을 내는 랜턴 아래에서 공부를 시작했어.

"이곳에서는 누구나 선생님이 될 수 있어요. 맨발 대학에서는 서로에게 기술과 지식을 배우고 가르쳐 주기 때문이에요."

맨발 대학이 뭐냐고? 맨발 대학은 말 그대로 맨발로 일하는 사람들을 위한 학교야. 제대로 교육받을 수 없는 가난한 사람들이 서로 돕고 배우며 스스로의 삶을 개척해 나가는 학교야.

"맨발 대학에서는 누구나 선생님이에요. 우물 파는 기술이 있는 사람은 그 기술을 가르쳐 주고, 우리 아빠처럼 가죽 다루는 기술이 있는 사람은 그 기술을 가르쳐 줄 수 있어요."

마니쉬는 지금 맨발 대학에서 태양열을 이용하는 기술을 열심히 배우고 있어.

▼맨발 대학에서는 누구나 기술을 가르쳐 줄 수 있고, 배울 수 있다.

"태양열을 이용하면 우리도 전기를 쓸 수 있어요. 태양열로 물을 깨끗하게 정수해 쓰면 더러운 물 때문에 병에 걸리는 일도 사라질 거예요. 또, 태양열로 음식을 만들고 따듯한 물을 쓸 수 있으면 우리 엄마도 편해질 거예요."

과학자가 되고 싶은 마니쉬의 꿈이 맨발 대학, 한밤의 야학에서 커 가고 있어. 한 사람의 삶을 바꿔 주는 학교, 마니쉬는 오늘도 그 학교에서 희망을 배우고 있어.

어린이들의 교육 받을 권리를 가로막는 가장 큰 요인 가운데 하나는 '가난'이야. 많은 어린이들이 가난 때문에 학교를 떠나 일터로 가야 해. 돈이 없어 제대로 공부할 수도 없고, 학교나 선생님이 없는 곳에 사는 아이들도 많아. 이들은 제대로 된 교육을 받지 못해 사회에 진출할 기회까지 잃게 되지.

가난한 사람들은 배움의 기회조차 잃고 그 가난을 대물림할 수밖에 없는 사회 구조 속에서, 많은 사람들이 해결책을 찾기 위해 노력하고 있어. 맨발 대학도 그런 노력에서 나온 대안 학교야.

인도의 맨발 대학은 벙커 로이라는 사람이 만들었어. 벙커 로이는 높은 계급의 집안에서 태어나 최고의 교육을 받으며 자랐어. 그러던 어느 날, 시골 사람들의 삶이 궁금해 시골로 여행을 가게 되었는데 그곳에서 가난으로 고통받는 사람들을 만나게 되었지.

벙커 로이는 자신이 살아온 세상과는 너무 다른 세상에서 살고 있는 사람들을 보면서 이들을 돕기로 결심하고 시골로 내려와 살았어. 그는 비록 가난한 사람들이 읽고 쓰는 것은 하지 못하지만 그들만의 특별한 지식과 기술이 있다는 것을 알게 되었어.

벙커 로이는 지하수를 찾는 기술이 있는 사람, 의사처럼 아기 낳는 걸 돕는 사람, 집짓는 기술이 있는 사람, 옷이나 각종 생활 도구들을 만드는 기술이 있는 사람들이 자신이 가지고 있는 기술과 지식을 서로에게 가르치고 배울 수 있는 학교인 맨발 대학을 만들었어. '맨발 대학'이란 이름은 가난한 사람들이 늘 맨발로 살아가는 것을 보고 지은 것이야.

맨발 대학에서는 기술을 가지고 있으면 누구나 선생님이 될 수 있고, 배우고자 하면 누구나 학생이 될 수 있어. 맨발 대학에서 배운 기술이나 지식은 가난한 사람들의 생활을 바꾸어 주었어. 비싼 전기 대신 태양열을 이용해 요리를 하고, 기계를 돌리고, 각종 공예품을 만들어 수입을 얻게 되었어. 그로 인해 살림살이가 나아지는 것은 물론, 배움의 기쁨을 나누게 되었어.

맨발 대학에서는 정규 교육을 받지 못한 사람들도 기술을 배우고 이용

할 수 있어야 한다고 생각해. 그리고 살아오면서 터득한 기술과 지식을 서로 나누는 것을 진짜 교육이라고 생각하지. 그래서 이 대학에서는 남녀노소 누구나 교육의 기회를 누리게 하고 있어.

교육은 누군가의 삶을 바꿀 수 있는 큰 힘을 가지고 있어. 가난을 딛고 일어설 수 있는 힘도 바로 교육에서 나오지. 하지만 가난한 어린이들이 양질의 교육을 받기란 쉽지 않아. 더는 가난 때문에 교육받을 권리를 잃지 않는 세상, 그런 세상을 만들어 가는 데 더 많은 노력과 시도가 필요하단다.

★ 한국의 지우

11살 지우는 선천성 뇌병변을 갖고 태어나 뇌성마비 장애가 있어. 다리가 마비되어 여느 아이들처럼 움직일 수 없어 휠체어를 타고 다니는 지우는 학교 입학도 쉽지 않았어. 처음 지우가 학교에 입학할 때 지우 엄마는 마음고생이 심했어. 지우를 일반 학교에 보내기 위해서 여러 학교를 알아봤지만 휠체어를 타고 다닐 수 있는 시설을 제대로 갖춘 학교는 많지 않았어. 또, 지우의 입학을 꺼리는 학교도 있었어.

"저는 지우가 일반 학교에 들어가 아이들과 어울려 생활하기를 바랐어요. 어차피 지우가 세상에 나가면 사람들과 어울려 살아야 하니까요. 하지만 장애 학생을 위한 시설을 제대로 갖춘 학교가 부족했고, 학교에서는 지우가 일반 아이들과 통합 수업을 할 수 있는 완전 통합반보다는 장애 학생들을 모아 수업하는 특수반에서 공부하기를 바라더군요."

다행히 지우는 장애 학생을 위한 시설을 갖춘 초등학교에 입학해 특수 교사의 도움을 받으며 학교생활을 시작했어. 지능에 문제가 없기 때문에 수업을 따라가는 데에는 아무 문제가 없었어. 하지만 학교생활은 생각처럼 쉽지 않았어.

"친구들이 애자라고 놀리는 게 가장 싫었어요. 그리고 체육 시간이나 현장 학습처럼 교실을 떠나 수업할 때면 저는 아무도 없는 교실에 혼자 남아 있을 때가 많았어요. 그럴 때면 무척 속상했어요."

장애를 가진 것은 잘못도 아니고 나쁜 것도 아닌데, 친구들은 지우를 이

상한 눈으로 바라보았어.

"도움을 주는 친구들도 있었지만, 저랑 놀면 다른 아이들한테 따돌림을 당할까 봐 무서워했어요."

지우가 학교로 가는 길을 가로막는 건 가파른 계단보다 메마른 사람들의 마음이었어.

"저는 남들과 조금 다를 뿐이에요. 다르다는 것이 나쁜 건 아니잖아요. 나는 다른 친구들처럼 열심히 학교생활을 했어요. 공부도 열심히 했고,

힘들기는 했지만 학급 행사에도 적극적으로 참여했어요. 이젠 친구들도 많이 생기고, 선생님들께서도 제게 많이 관심을 가져 주세요. 중학교로 올라가면 저는 다시 예전처럼 힘들어질지도 몰라요. 하지만 지금처럼 잘 이겨 낼 자신이 있어요."

지우는 해맑게 웃으며 말했어. 하지만 지우의 말대로 학년이 올라가고 학교가 바뀔 때마다 힘겨운 싸움을 벌이게 될 거야.

"대학에 진학해서 선생님이 되고 싶어요. 저처럼 장애를 가진 아이들을 가르치고 싶거든요."

언젠가 휠체어를 타고 교단에 선 지우를 만나게 될 수 있을까?

지우처럼 장애를 가진 어린이들도 교육받을 권리가 있어. 장애를 이유로 차별을 받아서는 안 돼. 최근에 장애 어린이들의 교육권을 지키기 위한 법률이 제정되었고, 학교에서도 장애인 편의 시설을 갖추고 통합 교육을 실시하고 있어.

통합 교육은 장애 학생과 비장애 학생이 같은 환경에서 교육받는 것을 말해. 장애 어린이들은 장애의 유형이나 정도에 따라 특수 학교뿐만 아니라 일반 학교에서 차별받지 않고 또래 친구들과 함께 교육받을 권리를 가지고 있어.

지우처럼 일반 학교에서 통합 교육을 받고 있는 장애 어린이들이 학교 생활에서 느끼는 가장 힘든 점은 아마 또래 친구들의 따돌림이나 괴롭힘일 거야. 몸이 불편하거나 발달이 늦은 장애 어린이들의 경우 또래 문화에 대한 이해가 느리고 적절한 대응을 하지 못하여 학교 폭력을 당하는 경우가 많아. 또, 선생님들의 배려와 관심이 없다면 학교 수업에 참여하지 못하고 방치되는 경우도 많아.

장애 어린이들의 통합 교육이 제대로 이루어지려면 장애를 보완할 수 있는 장치를 마련하고, 그에 맞는 교육을 통해 장애 어린이들의 잠재력을 끌어내야 해. 법률이나 제도도 중요하지만 가장 중요한 것은 장애 어린이들을 바라보는 우리들의 편견을 없애는 거야. 이를 위하여 통합 교육이 이루어지고 있는 학교를 중심으로 장애에 대한 다양한 교육이 이루어지고 있어. 장애에 대하여 바로 알기, 장애 체험하기, 소감 나누기 등의 활동을 통해 일반 어린이들이 장애 어린이들을 바르게 이해하고 배려할 수 있도록 돕고 있지.

하지만 아직도 많은 장애 어린이들이 교육받을 권리를 제대로 누리지 못하고 있어. 턱없이 부족한 시설과 교사, 적절한 교재와 교구의 부록, 그리고 이동의 어려움과 주위의 편견 등이 장애 어린이들을 가로막고 있단다.

생각해 보아요

✽ 중도 입국한 어린이들의 학교생활은 어떨까?

중도 입국이란 재혼한 부모님을 따라 한국에 들어오거나 탈북 어린이들처럼 다른 나라에서 태어나고 자라 이미 그 나라 언어와 문화에 익숙한 상태에서 우리나라에 들어오는 것을 뜻해.

중도 입국 어린이들의 경우, 우리나라에서 태어난 다문화 가정의 어린이들과 달리 한국말을 못하고, 우리 문화에 대해서도 잘 모르기 때문에 학교에서 적응하는 데 큰 어려움을 겪지. 그래서 중도 입국 어린이들 중에는 학교에 가지 못하고 혼자 집에서 시간을 보내는 경우가 많아. 또, 자신의 고국에서 받았던 교육을 이어 가지 못하고 있지.

하지만 중도 입국 어린이들도 교육받을 권리가 있고, 이 권리는 지켜져야 해. 최근에는 우리나라에서도 이들을 위한 대안 학교나 준비 학교가 운영되고 있고, 중도 입국 어린이들의 이전 학력을 인정해 국내 학교에 입학 또는 편입할 수 있도록 하는 법안도 마련돼 있어. 특히 일선 학교에 다문화 특별 학급을 마련해 이들의 학업을 이어 갈 수 있도록 했지.

이들이 우리나라에서 제대로 교육을 받기 위해서는 우리말과 글을 익히는 것도 중요하지만 우리의 다양한 문화를 체험함으로써 우리 문화에 대해 바로 아는 것도 중요해. 또, 이들에게는 낯선 환경에서 심리적 안정을 찾을 수 있는 지원과 이들을 향한 우리들의 따뜻한 배려도 필요할 거야.

✽ 학교에서 체벌이 필요할까?

학교에서 선생님께 맞아 본 적이 있니? 아프기도 하고 기분도 나빴을 거야. 잘못을 뉘우치기도 했을 테고.

그런데 학교에서 체벌이 필요한 것일까? 유엔아동권리위원회는 2001년에 학교 체벌을 금지할 것을 요구했고, 유엔인권이사회도 2008년에 체벌 금지 결의안을 채택했어. 영국, 독일, 중국 등 세계 122개국에서 학교 체벌을 법으로 금지하고 있어.

우리나라도 2011년에 학생을 지도할 때에는 도구나 신체 등을 이용해 학생의 신체에 고통을 가해서는 안 된다는 법률을 정했어. 하지만 여전히 학교 체벌에 대해 찬성하는 의견과 반대하는 의견이 팽팽히 맞서고 있어. 어떤 사람들은 체벌이 학생들의 인권을 짓밟는 폭력일 뿐 교육이 아니라고 주장하기도 하고, 어떤 사람들은 체벌이 교육적인 목적 아래 행사할 수 있는 교사의 권리라며 체벌의 필요성을 내세우기도 해.

너희들의 생각은 어떠니? 학교 체벌은 교육에 꼭 필요한 사랑의 매일까? 아니면 어린이들의 몸과 마음에 상처를 주는 폭력일까?

✻ 일기 검사를 해야 할까?

학교에서 학생들의 일기를 검사하는 게 옳은 일일까?

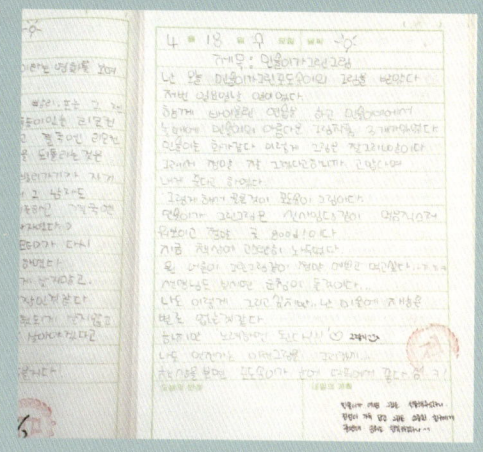

어떤 사람들은 일기 쓰기를 통해 학생들의 글쓰기 실력이 늘기 때문에 검사를 해서라도 학생들이 일기를 써야 한다고 주장해. 일기 검사를 통해 학생 개개인의 고민을 이해할 수 있고 왕따를 예방할 수도 있다고 생각하지. 또, 어떤 사람들은 일기 검사가 어린이들의 인권을 침해한다고 주장해. 어린이들은 사상과 양심의 자유를 누리고, 사생활을 간섭받지 않을 권리가 있는데 일기 검사가 이 권리를 침해할 수 있다는 거야.

이에 인권위원회에서는 일기 검사가 어린이의 인권을 침해할 수 있다는 의견을 내놓았어. 인권위원회는 일기 쓰기가 글쓰기 능력을 향상시키고 교사와 학생 간의 의사소통 도구로 사용될 수 있다는 교육적인 효과도 있지만, 일기 검사를 통해 일기 쓰기를 습관화하면 일기를 공개적인 숙제로 생각하게 되고, 자신의 이야기를 솔직히 기록하기 어렵다고 밝혔어. 또, 글짓기 능력은 일기가 아니라 작문이나 독후감 등의 다른 방법을 통해 향상시킬 수 있다는 의견도 내놓았지. 이 같은 인권위원회의 의견을 환영하는 사람들도 있고, 반대하는 사람들도 있어. 너희들은 일기 검사에 대해 어떻게 생각하니?

즐거운 학교의 적, 학교 폭력

학교에서 장난으로 친구를 괴롭힌 적 있니? '장난'이라는 말과 '괴롭힘'이라는 말이 서로 어울리지 않지? 누군가에게는 가벼운 장난이 누군가에게는 큰 상처가 될 수도 있어. 학교에서 하는 나의 행동과 말이 상대에게 어떻게 느껴질까 생각해 봐야 해.

요즘은 학교 폭력이 큰 사회 문제로 떠오르고 있어. 학교 폭력이란 학생들 사이에 일어나는 폭행, 상해, 감금, 협박, 약취, 유인, 모욕, 명예 훼손, 공갈, 강요, 강제적인 심부름, 성폭력, 언어폭력, 따돌림, 사이버 따돌림, 정보 통신망을 이용한 음란, 폭력 등으로 친구들에게 정신적·신체적·재산상의 피해를 주는 행위를 말해. 말이 어렵지? 쉽게 말하면 때리고, 빼앗고, 욕하고, 위협하고, 따돌리는 행동으로 다른 친구들의 몸과 마음을 다치게 하는 것은 장난이 아니라 폭력이라는 거야.

우리나라에서는 초등학교 때 학교 폭력을 경험하는 비율이 70퍼센트가 훨씬 넘어. 또, 학교 폭력 피해 학생 가운데 약 68퍼센트가 2명 이상의 가해자들에게 폭력을 당한 것으로 조사되었어. 학교 폭력을 목격한 경험이 있는 학생들 가운데 약 57퍼센트가 학교 폭력을 보고도 모른 척했다고 해. 보복이 두렵거나 끼어드는 게 귀찮기 때문이겠지.

▲ 한국교육개발원 제공

학교 폭력은 즐거워야 할 학교를 무시무시한 곳으로 만들기도 해. 학교 폭력을 견디지 못하고 학교를 떠나는 학생들이 많아.

최근 학교에서는 학교 폭력을 뿌리 뽑기 위하여 많은 노력을 기울이고 있어. 학교 폭력을 예방하고, 학교 폭력을 당한 학생들의 보호와 치료를 위해서 다양한 프로그램을 개발하고 있어. 또 가해 학생들의 적절한 처벌과 보복, 재발을 막기 위해서도 노력하고 있지. 그뿐만이 아니야. 폭력에 시달리면서도 호소할 곳이 없는 피해 학생들을 위한 상담 공간도 온라인과 오프라인에서 활발하게 운영되고 있어.

구미의 한 초등학교에서는 교문 앞과 교실 등에서 선생님과 학생, 학생과 학생끼리 하이파이브를 하면서 친밀한 관계를 다지고 있다고 해. 손뼉을 치며 인사를 나누는 하이파이브를 통해 이 학교의 선생님들과 학생들은 서로 마음을 나누며 즐겁게 학교에서의 하루를 시작하고 있다고 해.

또, 행복 출석부를 만들어 선생님이 출석을 부르면 학생들이 그날 자신의 컨디션이나 기분을 말이나 숫자로 이야기하고, 선생님은 그것을 출석부에 기록한다고 해. 행복 출석부를 통해 학생들은 서로의 감정 상태를 알고 상대를 배려하는 분위기를 만들게 되었다고 해. 학교 안에서 선생님과 학생들이 서로를 생각하고 배려하는 마음을 나누는 것은 그리 어려운 일이 아니라는 것을 직접 보여 주었어.

만약 학교 폭력을 당한다면 어떻게 해야 할까? 먼저 부모님이나 선생님께 도움을 청하는 게 좋아. 만약 부모님이나 선생님께 말씀드리는 것이 쉽지 않다면 전화 117번이나 안전 Dream 청소년 학교 폭력 같은 사이트에 접속해서 신고할 수도 있어. 학교 폭력이 접수되면 학교폭력자치위원회를 통해 가해 학생에 대한 조치가 내려지고 피해 학생은 필요한 심리 상담, 치료, 보호 등을 받을 수 있단다.

4장

즐겁게
놀 수 있는 권리

나도 축구하고 싶어

너희들은 언제 가장 즐겁니? 친구들과 어울려 신 나게 축구할 때, 달콤한 초콜릿을 먹을 때, 휴대 전화로 게임할 때? 그런데 너희들을 즐겁게 해 주는 축구공과 초콜릿, 그리고 휴대 전화를 누가 만들고 있는지 아니? 바로 너희들과 비슷한 또래 친구들이란다. 단 한 번도 축구공을 가지고 놀아 보지 못한 친구들이 좁은 방에서 하루 종일 지문이 닳도록 가죽 조각들을 꿰매 축구공을 만들고, 단 한 번도 초콜릿을 맛보지 못한 아이들이 카카오 농장에서 힘들게 농사를 짓지. 또, 단 한 번도 휴대 전화를 가져 보지 못한 아이들이 깊고 깊은 땅속에 들어가 휴대 전화를 만드는 데 필요한 광석을 캐내고 있단다.

어린이는 어른들의 보호를 받으며 마음껏 공부하고 뛰어놀 권리가 있어. 또한 국가는 어린이들이 적절한 교육을 받지 못하고, 몸과 마음의 건강을 해치는 일을 하지 않도록 보호할 의무가 있어.

유엔 아동 권리 협약에는 어린이의 교육을 방해하거나, 몸과 마음의 건강을 해치는 노동을 금지하고 있어. 또 국제노동기구(ILO)는 국제 협약을 통해 15살 미만 어린이들의 취업을 금지하고, 18세가 되지 않은 어린이들을 노예처럼 부리거나, 사고 팔거나, 전쟁에 동원하거나 범죄 행위에 이용하는 것을 금지하고 있어. 또, 어린이의 건강과 신체, 정서 발달에 해가 되는 노동도 금지하고 있단다.

　하지만 이러한 어린이의 권리와 국가의 의무가 제대로 지켜지지 않고 있어. 세계 여러 나라의 많은 어린이들이 학교에 가지도 못하고 위험한 환경에서 힘겨운 노동으로 고통받고 있지.

　최근 국제노동기구의 발표에 따르면 약 1억 6,800만 명의 어린이들이

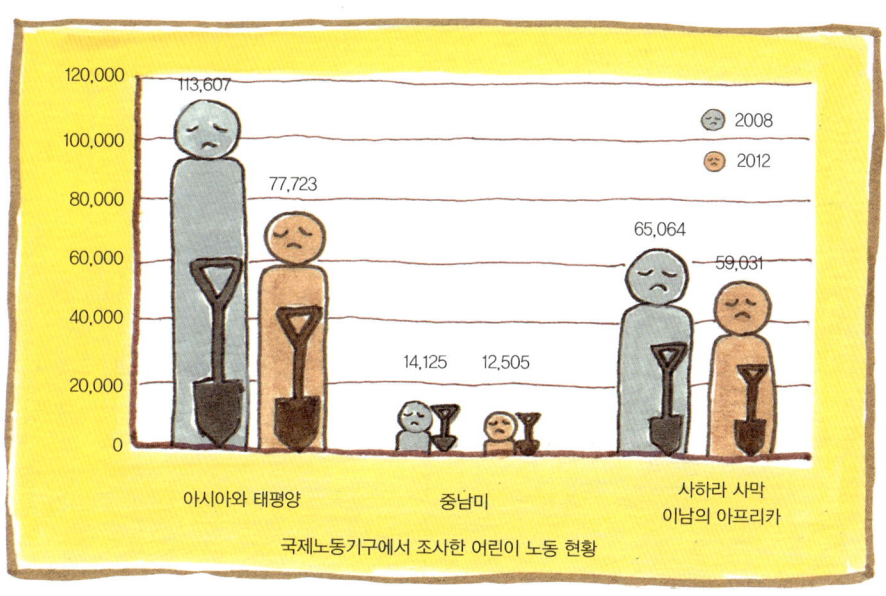

국제노동기구에서 조사한 어린이 노동 현황

법에서 금지한 어린이 노동을 하고 있다고 해. 이렇게 일을 하는 어린이들 가운데에는 노예처럼 강제 노동에 시달리며 용접이나 채굴, 독성 물질이 섞인 쓰레기 줍기 등 위험한 일을 하는 경우가 많아.

 예전에 비해 일을 하는 어린이들의 수가 줄어들기는 했지만 여전히 가난 때문에, 어른들의 욕심 때문에 학교가 아닌 일터로 향하는 아이들이 많아. 이 친구들의 이야기를 들어 보겠니?

★ 파키스탄의 이크발

　이크발은 4살 때 집안의 빚 때문에 양탄자를 짜는 공장에 팔려 왔어. 이크발은 형의 결혼식에 쓰인 돈 600루피(우리 돈으로 약 15,000원 정도)를 갚기 위해서 하루 12시간씩 베틀 앞에 앉아 양탄자를 짜야 했지.

　양탄자 공장에는 이크발처럼 부모의 빚 때문에 팔려 온 어린이들이 많았어. 공장의 어린이들은 제대로 먹지도 못하고 쉬지도 못하고 노예처럼 일을 했어. 먼지 가득한 공장에서 어린이들이 짜는 양탄자는 유럽의 여러 나라로 비싼 값에 팔려 나갔어.

　이크발은 몇 번이나 공장에서 도망쳤지만 그때마다 양탄자 공장 주인에게 뇌물을 받는 경찰에 의해 다시 공장으로 끌려와야 했지. 어린이가 노예

처럼 일하는 것은 분명 불법이지만, 법은 힘없는 어린이들을 지켜 주지 못했어.

이크발은 죽을 힘을 다해 양탄자 공장을 탈출해서 노예노동해방전선이라는 단체에 들어갔어. 그는 자기 혼자 탈출하는 데 그치지 않고 지옥 같은 공장에서 일하는 친구들을 구하기로 결심했어. 또, 어린이들을 노예로 부리는 양탄자 공장들을 고발하고, 이곳에서 일하는 어린이들의 이야기를 세상에 알리기 시작했어.

"양탄자 공장의 아이들은 먼지 가득한 좁은 방 안에 쭈그리고 앉아 하루 종일 양탄자를 짜요. 실이 엉키면 점심을 먹을 수도 없어요. 허리 한 번 못 펴고 일해서 받는 돈은 고작 24원, 그 돈으로 빚을 갚기는커녕, 뭐 하나 사 먹을 수도 없어요."

이크발의 이야기는 파키스탄뿐만 아니라 전 세계에 전해졌고, 아이들을 구하기 위한 움직임이 일어났어. 아이들의 노동을 막기 위한 법과 처벌이 강화되고, 아이들이 만든 카펫을 사지 말자는 불매운동도 일어났지.

이크발의 노력으로 300명이 넘는 아이들이 카펫 공장에서 구출되었어. 이런 이크발은 파키스탄의 카펫 업자들에게는 눈엣가시 같았지. 싼값에 일을 시킬 아이들이 줄면서 이득이 줄었기 때문이야.

안타깝게도 이크발은 1995년, 괴한이 쏜 총에 맞아 세상을 뜨고 말았어. 노예처럼 일하는 친구들을 위해 용감하게 세상과 맞선 이크발을 누가 죽음으로 몰아넣었을까?

파키스탄은 오랫동안 이크발처럼 어린아이들의 손으로 만든 양탄자를 미국이나 유럽 등에 수출해서 외화를 벌어들였어. 이곳의 많은 어린이들은 감옥 같은 공장에서 제대로 임금을 받기는커녕 끼니도 해결하지 못하고 양탄자를 짜며 노예와 다름없는 생활을 했어. 이크발은 부모의 빚 때문에 공장이나 농장에 끌려와 노예가 된 아이들을 도와주는 노예노동해방전선의 도움으로 공장을 탈출해 공부를 하고 꿈을 키울 수 있었어.

이크발의 꿈은 자신과 같은 처지의 친구들을 돕는 것이었어. 그는 용기 있게 세상과 맞섰지. 그리고 1994년 세계노동기구 총회에 참석하여 전 세계 어린이들과 만나 자신의 이야기를 들려주었어. 같은 해, 리복 인권재단에서 수여하는 '행동하는 청년상'도 받았어.

그는 아름다운 양탄자에 얼마나 많은 어린이들의 눈물과 한숨이 섞여 있는지 세상에 알렸고, 곳곳에서 어린이들이 만든 양탄자를 사지 말자는

▼파키스탄의 양탄자

움직임이 일기 시작했어. 이에 따라 유니세프와 비정부 기구, 인도의 양탄자 수출업체 등이 힘을 모아 러그 마크를 개발하고 이 상표를 감독하기 위한 러그 마크 재단을 설립했어. 러그 마크 상표를 쓰려면 14살 미만의 어린이를 고용하지 않으며, 어른들에게는 공정한 임금을 지급해야 해. 또, 양탄자의 판매 내역을 러그 마크에 알려야 해. 러그 마크의 관리자들은 예고 없이 양탄자 공장에 들러 작업 환경과 과정을 조사하고 감독할 수 있어.

러그 마크 재단은 양탄자 공장에서 노예처럼 일하는 아이들을 구해 내고 학교와 탁아소 등을 짓는 등 아이들이 일터를 벗어나 적절한 교육을 받을 수 있도록 돕고 있어.

세상은 이크발의 용기 있는 외침에 귀를 기울이기 시작했지만 안타깝게도 이크발은 괴한이 쏜 총에 맞아 세상을 떠나고 말았어.

몸은 비록 죽었지만 그의 참된 용기는 힘든 노동에 시달리는 어린이들에게 희망을 주었어. 많은 나라의 정부와 시민 단체들이 힘을 모아 어린이 노동을 금지하는 국제 협약을 만들었고, 국제 연합 기구들은 이 협약이 잘 지켜지는지 감시하고 있어. 이것을 위반한 나라에 대해서는 책임을 묻고 있지. 비록 예전보다 일하는 아이들의 숫자가 많이 줄었다고는 하지만 지금도 많은 아이들은 이크발처럼 학교에 가지 못하고 하루 종일 일하거나 노예처럼 팔려 가 힘겹게 일하며 희망을 잃은 채 살아가고 있단다.

★ 인도의 아민

인도의 펀잡 지방에 사는 아민은 다섯 살 때부터 축구공을 만들었어. 축구공 하나를 만들려면 서른두 개의 가죽 조각을 한땀한땀 손으로 꿰매야 해. 아민은 축구공을 만드느라 11살이 될 때까지 학교에 다니지 못했어.

축구공을 만드는 건 아주 힘들어. 꼬박 열 시간이 넘도록 바느질을 해야 겨우 서너 개의 축구공을 만들 수 있지. 축구공 하나를 만들고 손에 쥐는 돈은 겨우 150원 정도. 아이들은 형편없는 대우를 받고도 불평 한 마디 하지 못하고 일을 해.

"좁고 어두운 방 안에서 하루 종일 바느질을 하다 보면 눈도 아프고 허리도 아파요."

아민의 손은 바늘에 찔린 상처와 딱딱하게 굳은 살로 가득하지. 실을 단단히 잡아당기느라 손가락도 휘었어. 아민과 같이 축구공을 만드는 친구들 중에는 오랫동안 앉아서 일을 하다 보니 허리가 휜 어린이들도 많아.

결국 아민은 축구공을 만들다

▲하루 종일 좁고 어두운 방에서 축구공을 만들고 있다.

시력을 잃었어. 언젠가 학교에 갈 수 있으리라는 희망도 함께 잃었어.

"보이지 않지만 그동안 해 온 손끝의 감각으로 바느질을 계속할 수 있었어요."

아민은 앞이 보이지 않아도 일을 멈출 수 없었어.

아민은 11살이 되던 해, 어린이 노동을 감시하고 일하는 어린이들을 구출하는 엔지오(NGO)의 도움으로 일터를 벗어날 수 있었어. 손의 감각만으로 축구공을 꿰매는 일을 멈추고, 그렇게 원하던 학교를 다닐 수 있게 되었지.

지구촌이 월드컵의 열기로 가득할 때 그 공을 누가, 어떻게 만들었는지 세상에 알려지게 되었어. 사람들은 나이키나 아디다스의 멋진 축구공이 아닌, 그 축구공을 만드는 어린이들에게 서서히 관심을 갖기 시작했어.

"시력을 되찾을 수 있고 친구들과 공놀이를 할 수 있다면 얼마나 좋을까요?"

밝게 웃는 아민에게서 누가 밝은 빛을 빼앗았을까?

4년마다 전 세계는 월드컵의 열기로 후끈 달아오르곤 해. 선수들도 응원하는 관중들도 축제를 벌이듯 신 나게 월드컵을 즐기지. 하지만 세계를 들썩이는 월드컵이 어린이들의 가혹한 노동으로 치러졌다는 것을 알고 있니?

오랫동안 파키스탄, 인도, 네팔 등지의 어린이들은 축구 경기에 쓰이는 최고급 축구공을 만들어 왔어. 대부분의 어린이들이 아민처럼 아주 어린 나이에 축구공을 만들기 시작하지. 한때 파키스탄의 시알코트에서는 전 세계 축구공의 약 60퍼센트를 만들어 냈어. 그만큼 그 지역에는 축구공을 만드는 어린이들이 많았어.

처음 이곳에서 축구공을 만드는 어린이들의 모습이 세상에 알려졌을 때 많은 사람들이 큰 충격을 받았어. 아민 같은 어린이들이 고사리 같은 손으로 하루 종일 가죽 조각을 꿰매 축구공을 만들고 받는 돈은 형편없었어. 그리고 축구공을 만드는 아이들은 학교에 다니기는커녕 환기도 되지 않는 어두운 방에서 하루 12시간씩 바느질을 하고 지내면서 병을 얻거나 신체 장애를 갖게 되었지.

축구공뿐만이 아니라 각종 스포츠 용품, 스포츠 의류, 신발 등이 어린이들의 노동에 의해 만들어졌어. 나이키나 아디다스 같은 세계적인 기업들은 기업의 이득을 위해 이런 불법적인 어린이 노동을 알면서도 모른 체하고 있었던 거야.

이에 전 세계 사람들이 아민 같은 어린이들을 돕기 위해 힘을 모으기 시작했어. 어린이 노동을 반대하는 행진을 세계 곳곳에서 벌이기도 했고, 어린이 노동으로 만들어진 물건에 대한 불매 운동도 벌였어. 또, 세계 축구 경기를 주최하는 국제축구연맹(FIFA)에 강하게 항의했지.

이들의 노력으로 마침내 국제축구연맹은 어린이들이 만드는 축구공을 쓰지 않기로 약속했어. 국제축구연맹은 이 약속을 지키기 위해서 스포츠 용품 회사들에게 정당하고 안전한 노동 환경을 만들 것을 요구했고, 불매 운동 등으로 타격을 입은 기업들도 차츰 이에 협조하기 시작했어. 어떤 기업은 생산 제품에 어린이 노동을 사용하지 않았음을 밝히기도 했고, 어린이들을 위한 학교를 세우거나 작업 환경을 개선하기 위해 노력하고 있어.

하지만 기업들이 제품의 생산 과정 하나하나를 철저히 관리하고 감독하지 않는다면 이런 약속들은 제대로 지켜질 수 없어.

만약 정부와 기업이 함께 힘을 모아 어린이들이 하던 일을 어른들에게 넘겨 주고 그 일에 대한 정당한 임금을 준다면 어떤 변화가 일어날까? 아마 일터를 벗어난 많은 어린이들이 다시 돈벌이에 나서지 않고 즐겁게 학교에 다닐 수 있을 거야. 다행히 최근에는 정당한 방법으로 축구공을 만드는 공장들이 세워지면서 새로운 희망을 갖게 되었어. 비록 그 수는 많지 않지만, 정정당당하게 승부를 겨루는 스포츠에 정정당당한 방법으로 생산된 제품들이 사용될 수 있다는 희망을 말이야.

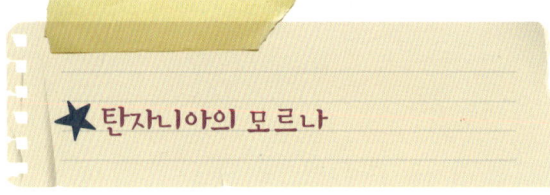
★ 탄자니아의 모르나

아프리카 탄자니아의 모르나는 어릴 때부터 광산에서 일을 했어. 어른들도 일하기 위험한 광산에서 광석을 캐내는 어린이들은 아주 많아.

"나는 어리지 않아요. 당연히 일을 해야 해요. 내가 일을 하지 않으면 가족들이 굶어요."

당당한 말과 달리 모르나는 안전 장비를 제대로 갖추지 못하고 땅속으로 들어갈 때면 사실 겁이 났어. 몇년 전에는 광산이 무너지는 바람에 많은 친구들이 목숨을 잃었거든. 어린이들을 고용해 일을 시키는 광산의 대부분은 불법 업체이기 때문에 사고가 나서 다치거나 죽어도 적절한 치료나 보상을 받을 수 없었어.

"어린이들은 어른들보다 체구가 작기 때문에 더 깊이까지 들어갈 수 있어요. 하지만 땅속 깊은 곳에 다다르면 숨쉬기조차 힘들어요. 좁은 갱도를 기어다니면 온몸이 아프고 정신까지 몽롱해져요. 하루 종일 먼지와 돌가루를 마셔서 목도 아파요."

모르나가 이렇게 일해서 받는 돈은 턱없이 작아. 하루의 끼니를 해결하기도 힘들 정도지.

게다가 광산 주변은 아주 위험해. 광산에서 흘러드는 수은과 독성 물질로 땅도 물도 심하게 오염되었어. 그래도 모르나와 다른 어린이들은 오염된 물구덩이에서 몸을 씻고 흙이나 돌, 광석 등을 맨손으로 만져.

지금 당장에는 자신의 몸에서 일어나는 변화를 모를 수 있지만 모르나

의 자식, 그리고 그 자식의 자식에게로 모르나의 몸에 쌓인 독성 물질들이 전해질 거야.

  모르나는 자기가 더는 어린이가 아니라고 생각해. 그런데 열두 살 모르나가 어른과 똑같이 일하고, 그러면서도 반도 되지 않는 돈을 받는 것이 정당한 일일까? 한창 공부하고 뛰어놀 열두 살 모르나가 언제 다칠지, 언제 죽을지 모르는 위험한 환경에서 일하는 것이 옳은 것일까?

  세상을 편리하게 하는 놀라운 기계를 만들기 위해서, 누군가를 아름답게 꾸며 주는 보석을 얻기 위해서 오늘도 모르나는 깜깜하고 답답한 땅속으로 들어가. 맨발에 맨손으로 말야.

아시아와 아프리카, 중남미의 가난한 나라들에서는 많은 어린이들이 모르나처럼 학교에 가지 못하고 노예처럼 강제로 힘든 일을 하고 있어. 이 지역들은 가난하고 사회가 불안정하다는 공통점을 갖고 있어. 어린이들은 가난 때문에 일을 해야 하고, 사회가 불안정하기 때문에 제대로 보호받을 수 없어. 일하는 어린이들의 숫자만큼 많은 어른들이 일자리를 잃고 돈을 벌지 못하기 때문에 어린이들은 가족을 먹여 살리기 위해 하루 종일 일을 하거나 노예처럼 공장에 팔려 가기도 해.

끊임없는 내전과 자연재해 등으로 부모를 잃거나 부모들이 일을 하지 못하는 경우도 많아. 또, 제대로 된 학교나 교사도 없으며, 부모들이 어린이들을 학교에 보낼 여유나 의지도 없기 때문에 어린이들은 학교가 아닌 일터로 가게 되지.

어린이들의 노동 환경은 어른들에 비해 훨씬 위험해. 어른들은 스스로를 보호하거나 위험에 대처하는 능력을 갖추고 있지만 어린이는 그렇지 못해. 특히 모르나처럼 광물을 캐내는 좁은 땅속이나 탄광 또는 몸에 해로운 약품을 다루는 공장, 독한 농약을 사용하는 농장, 채석장 등은 어린이들에게 무척 해롭단다. 이런 곳에서 제대로 된 안전장치 없이 일하다 건강을 해치고 목숨을 잃는 어린이들이 아주 많아.

모르나처럼 힘들게 일하는 어린이들이 사라지지 않는 가장 큰 이유는 어린이들을 고용해 적은 비용으로 큰 돈을 벌려는 사람들이 많기 때문이야. 어린이들은 조금만 겁을 줘도 명령에 잘 따르고 불평도 적어 일을 시키기 편해. 몸집이 작기 때문에 좁은 작업 공간에서도 많은 수의 어린이들

이 일을 할 수 있어. 그만큼 고용주는 이득을 볼 수 있지. 이런 이기적인 어른들 때문에 가혹한 어린이 노동이 쉽게 사라지지 않고 있는 거란다.

궁금해요

❋ 부모님을 도와 일하는 것도 어린이 노동일까?

사실 많은 어린이들이 부모님을 도와 동생을 돌보거나 집안일을 하고, 농사를 짓기도 해. 어린이들이 제대로 학교에 다니면서 건강한 환경에서 자신의 의지로 일을 한다면 그것은 어린이 노동이 아니야.

하지만 아프리카나 아시아의 경우 많은 어린이들이 부모님을 도와 농사를 짓거나 집안 살림을 하느라 학교에 다니지 못하고 있어. 아무리 부모님을 돕기 위해서라고 해도 학교에 다니지 못하거나 제대로 쉬지도 못한 채 힘들게 일을 한다면 그것이 바로 어린이 노동이야.

❋ 어떻게 하면 어린이 노동을 막을 수 있을까?

세계 여러 나라에서는 어린이 노동을 금지하는 법과 제도를 마련했어. 그리고 그것이 지켜지는지 철저히 감시·관리하고, 법을 어기는 어른이 있을 때에는 강력히 처벌하도록 했어.

또, 시민 사회는 어린이 노동으로 생산된 물품에 대한 불매 운동을 벌이며 항의했어. 그 결과 많은 기업들이 어린이 노동이 들어간 제품을 생산하지 않기로 약속했어. 아울러 위험한 작업 환경을 개선하고, 노동자들에게 정당한 임금을 지불하며, 어린이들을 위한 학교와 보육 시설을 세우고 어린이 노동을 착취해 왔다는 기존의 이미지를 바꾸려는 기업들이 늘었지.

이런 변화들로 어린이 노동은 해마다 줄고 있어. 하지만 어린이들을 공장에서, 농장에서, 광산에서, 거리에서 몰아낸다고 모든 문제가 해결될까? 어린이 노동에 대한 강력한 규제와 처벌, 그리고 불매 운동 등이 겉으로는 어린이 노동을 뿌리 뽑는 해결책처럼 보이지만 일터를 떠난 어린이들을 기다리는 것은 무엇일까? 여전히 내일을 기약할 수 없는 가난한 가정으로 돌아가야 한다면 어떻게 될까? 결국 법의 감시망을 피해 더 위험한 환경에서 더 힘든 일을 하게 되지는 않을까?

▲소년이 공장에서 재봉틀을 돌리고 있다.

어린이 노동이 사라지려면 어린이들이 보호받고, 교육받을 수 있는 환경이 마련되어야 해. 그리고 어린이 노동에 관한 사람들의 생각도 변해야 해. 국제 연합을 비롯한 국제노동기구나 유니세프를 비롯한 다양한 엔지오 등에서는 어린이들이 다시 일터로 돌아가지 않도록 여러 가지 방안을 내놓았어. 한 예로, 어린이들이 하던 일을 그 가정의 어른들이 할 수 있도록 하고, 정당한 임금을 지불하는 거야. 또, 어린이 노동 착취를 하지 않기로 한 고용주나 기업을 지원해서 어린이를 고용하지 않고도 안정적인 생산을 유지할 수 있도록 돕는 거야. 또, 지역 사회는 일터를 떠난 어린이들이 공부를 하고, 자립할 수 있는 기술을 배울 수 있도록 적극적으로 돕고, 어린이들은 서로 지식과 정보를 나누며 스스로 힘을 기르는 거야.

국제노동기구는 매년 6월 12일을 '세계 아동 노동 반대의 날'로 정했어. 이날이 되면 전 세계에서 어린이 노동에 반대하는 다양한 행사가 열려. 이렇게 특별한 날을 정한 까닭은 좀 더 많은 사람들이 어린이 노동에 관심을 갖게 하기 위해서야. 많은 사람들이 가혹한 어린이 노동을 반대하고, 이를 개선하기 위해 적극적으로 나선다면 어린이 노동이 사라질 날이 반드시 올 거야.

정정당당한 거래, 공정 무역

초콜릿 좋아하니? 그런데 우리가 즐겨 먹는 초콜릿의 원료가 무엇인지 아니? 바로 카카오 열매야. 주로 아프리카와 중남미 지역에서 생산되는 카카오는 과자, 음료, 분말, 버터 등으로 가공되어 전 세계에 팔리고 있어.

거대 식품 회사들은 초콜릿뿐만 아니라 다양한 카카오 가공 상품을 팔아 큰돈을 벌고 있어. 하지만 정작 카카오를 재배하는 농민들에게는 그 이득이 돌아가지 않아. 거대 식품 회사들은 전 세계에서 재배되는 카카오를 대량으로 사들이는 만큼 카카오 값을 쥐락펴락할 수 있거든. 또, 대규모 농장을 만들어 소규모로 농사를 짓는 농민들을 위협하고 있어. 농민들은 이들 기업에 카카오를 헐값에 넘기지 않으면 카카오를 팔 곳이 없기 때문에 손해를 보더라도 카카오를 팔아. 결국 우리가 사 먹는 초콜릿 값의 대부분은 유통과 가공에 들어가는 비용이야. 이런 구조가 계속되는 한, 카카오 농사를 짓는 농부들은 아무리 열심히 농사를 지어도 가난에서 벗어날 수 없어. 결국 더 많은 카카오를 수확하기 위해 독한 농약과 비료를 쓰게 되고, 더 싸게 농사를 짓기 위해 어린이들을 일꾼으로 쓰게 되지.

기존의 국제 무역으로는 공정한 거래가 이루어질 수 없다고 생각한 사람들이 새로운 무역 방식을 제안하기 시작했어. 생산자는 생산 비용에 맞는 가격으로 안정된 거래를 할 수 있고, 소비자는 정당한 대가를 치르며 안전하고 좋은 상품을 살 수 있는 거래, 바로 공정 무역 방식이지. 1990년대부터 시작된 공정 무역은 개발 도상국에서 선진국으로 수출되는 커피콩, 카카오, 면화, 차, 바나나 같은 농산물에서 시작되었어. 지금은 각종 수공예품을 비롯해 다양한 가공품에 이르기까지 그 종류도 다양해졌어. 공정 무역은 단순히 상품을 거래하는 일만 하는 것이 아니라 무역을 통해 소규모 생산자들과 가난한 노동자들의 삶이 나아질 수 있도록 돕고 있어.

공정 무역에서는 거래하는 물품들에 최저 가격을 정해 두어서 가격이 떨어져도 생산자가 안정적이고 지속적으로 생산을 유지할 수 있도록 해. 그리고 공정 무역에서 거래되는 물품들은 엄격한 생산 과정 관리를 통해 어린이 노동을 착취하지 않고 여성들의 인권을 보장하는 안전한 작업장에서 친환경적으로 생산하지.

공정 무역에 참여하는 농민들은 스스로 조합을 만들어 그 힘을 키워 가고 있어. 이들은 공정 무역을 통해 금전적인 이익뿐만 아니라 다른 많은 이익을 얻게 되었어. 과도한 농약과 화학비료를 쓰지 않고도 농산물을 재배하는 기술을 습득하면서 수확량도 늘고 품질도 높아졌어. 또, 그러한 좋은 품질의 안전한 농산물을 좋은 가격에 팔 수 있게 되었지. 조합원들은 수익금을 모아 어린이들을 위한 학교를 만들고, 마을에 우물도 만들었으며, 병원도 세우고, 의사도 고용할 수 있었지. 조합원들은 스스로 이뤄 낸 성과를 통해 자신감을 얻었고, 자부심도 갖게 되었어. 단순히 물건을 거래하고 눈앞의 이득만을 좇던 무역이 사람들의 삶을 바꾸고, 웃음을 나누는 따듯한 무역으로 바뀐 거야.

물론 공정 무역 제품들은 그렇지 않은 제품들에 비해 조금 비싸기도 해. 하지만 소비자는 그 생산 과정을 알 수 있고, 건강하고 안전한 제품을 쓸 수 있어. 소비자가 생산자들에게 돌아가야 할 몫을 정당하게 지불하고 그 만큼의 가치를 얻을 수 있는 것, 그것이 바로 공정 무역이 꿈꾸는 정정당당한 거래야.

▲ 공정 무역

5장

자유롭게 표현하고
참여할 수 있는 권리

네 생각을 보여 줘

너희들은 자유롭고 자신 있게 자신의 생각과 의견을 말할 수 있니? 그리고 그런 너희들의 목소리에 어른들이 귀를 기울여 주니? 너희들이 무언가 의견을 낼 때마다 '어린애가 뭘 안다고?', '그런 건 나중에 어른 돼서 결정해라!', '애들은 몰라도 돼.'라는 말을 듣고 있지는 않니?

아직도 많은 사람들이 어린이를 독립된 인격체로서 여기지 않기 때문에 어린이는 스스로 바른 판단을 내리기에 부족하다고 생각하지.

하지만 어린이는 스스로 생각하고 스스로 결정할 권리가 있어. 자신에게 영향을 미치는 모든 문제에 대해 자유롭게 자신의 의견을 표현할 권리도 있어. 그리고 그 의견은 존중되어야 해.

유엔 아동 권리 협약에서는 어린이에게 말이나 글, 예술 등 다양한 방법으로 자신의 생각을 표현할 권리가 있고, 이를 존중해 주어야 한다고 밝히고 있어. 또, 어린이들도 어른들처럼 자신에게 영향을 끼치는 사회 문제에 참여할 권리가 있음을 분명히 밝히고 있지.

요즘은 인터넷이 발달해 쉽고 빠르게 자신의 생각을 세계 여러 나라의 친구들과 나눌 수 있게 되었어. 어떤 친구들은 멋진 음악으로 자신의 생각을 전하고, 어떤 친구들은 그림으로 또 만화나 시, 소설이나 영화와 같은 다양한 매체를 이용하여 자신의 생각을 전하기도 해. 그리고 이런 다양한 참여는 예상 밖의 큰 힘을 발휘하기도 해. 즉, 많은 사람들의 생각을 바꾸고 힘을 모으게 하지.

최근에는 학급이나 학교의 누리집, 카페에 자신의 의견을 자유롭게 표현할 수 있는 공간도 늘어나고 있어. 하지만 내 생각을 표현할 기회가 늘어났다고 해도 여전히 어린이들의 생각은 무시되는 경우가 많아. 법정에서도 어린이들의 말이 증거로 채택되지 않는 경우가 많지. 어린이와 관련된 정책이나 법을 만들 때에도 정작 어린이의 생각은 묻지 않아.

어떻게 하면 마음껏 내 생각을 표현하고 사회에 참여할 수 있을까? 같은 고민을 하고, 용감하게 도전하는 친구들의 이야기를 들으면서 각자 그 답을 찾아보기로 하자.

★ 미국의 조너선 리

조너선 리는 한국인 아버지와 미국인 어머니 사이에서 태어났어. 조너선은 10살이 되던 해에 우연히 텔레비전에서 지구 환경 파괴에 관한 다큐멘터리를 보고 환경 문제에 관심을 갖기 시작했어.

"저는 어떻게 하면 환경 문제의 심각성을 친구들에게 알릴 수 있을까 고민했어요. 그러다 재미있는 만화를 그려 보기로 했지요."

이렇게 해서 나온 책이 바로 《고그린맨 vs 심술통 떼돈 공갈 팍팍 써》야.

이 책에는 지구의 초록 마을을 지키는 고그린맨과 환경을 파괴하는 악당 심술통 공해 박사와의 대결을 그리고 있어.

"저는 우리 모두 고그린맨이 되어 지구를 지킬 수 있다고 생각해요. 그리고 이 생각을 실천하기로 했어요."

조너선 리는 '어린이 한 명이 일 년에 나무 한 그루를 심자.'는 고그린맨 운동을 펼쳤어.

▲ 한국 방문 때의 조너선 리

"고그린맨 운동을 통하여 1년에 10억 그루의 나무를 새로 심을 수 있어요."

조너선 리는 어린이들이 실천할 수 있는 고그린맨 운동도 소개했어.

"쓰지 않는 전자 제품의 전원을 꺼 놓아요. 시장에 갈 때에는 장바구니를 챙겨요. 일주일에 한 번은 가족들과 동네의 쓰레기를 주워요. 인스턴트 음식은 되도록 적게 먹어요."

조너선 리의 환경 운동은 여기서 그치지 않았어. 조너선 리는 세계 여러

나라의 정치 지도자들과 만나 세계 평화와 환경 보호의 중요성을 알리고, 어린이들이 함께 나서도록 응원하고 있어.

"더는 전쟁으로 고통받는 어린이들이 없었으면 좋겠어요. 아름다운 지구를 깨끗하게 지켰으면 좋겠어요."

조너선 리는 세계청소년환경연대의 대표로 '세계 어린이 평화의 날'을 제정하고 '어린이 평화숲'을 만드는 운동을 계속 이어 가고 있어. 세계 여러 나라의 지도자들이 조너선 리의 뜻을 지지해 주었어.

조너선 리는 최근 우리나라 임진각과 도라산 평화 공원에 평화숲을 만드는 행사를 벌였어.

"2010년 북한을 방문했을 때, 김정일 위원장에게 남한과 북한의 어린이들이 만나서 놀 수 있는 숲을 만들어 달라는 편지를 보냈어요. 저는 어린이의 힘으로 한반도의 평화를 이룰 수 있다고 생각해요."

조너선 리는 어린이가 지구를 바꿀 수 있다고 믿고 있어. 그리고 그 믿음을 당당히 세상 많은 친구들과 나누었지. 그림, 노래, 춤, 사진, 글, 뭐든 좋아. 너희들이 세상과 나누고 싶은 것이 있다면 바로 시작해 보렴. 그 무엇도 너희들의 표현을 막을 수 없어. 우리 어린이들에게는 자신의 생각을 자유롭게 표현할 권리가 있으니까.

환경의 소중함을 알리는 만화를 그린 조너선 리는 지구에 살고 있는 모든 사람들은 아름다운 지구 환경을 다음 세대에게 물려 줘야 할 의무가 있다고 생각했어. 그래서 어린이들에게 재미있게 환경을 지키는 방법을 전하기로 했지.

조너선 리가 전하는 환경 운동은 대단한 게 아니야. 가능한 자동차를 타지 않고 걷거나 자전거를 타는 작은 실천, 필요없는 전등을 끄고 양치할 때 수도꼭지를 잠그는 것 같은 소소한 생활 습관들이지.

조너선 리는 자신의 만화가 많은 관심을 받게 되자 친구들과 함께할 수 있는 환경 운동을 펼쳐 나갔어. 최근에는 유엔 사막 방지 활동을 하면서

▼네이멍 쿠부치 사막에 나무를 심고 있다.

지구 온난화를 막기 위해 나무 심기 운동을 펼치며 숲이 사라지면서 수많은 어린이들이 고통받고 있다는 사실을 전 세계에 알리고 있지. 또 우리나라의 독도 환경 운동도 펼치고 있어. 조너선 리는 독도에 살던 바다사자가 돌아오기를 바라고 있어.

그뿐만이 아냐. 조너선 리의 관심은 환경뿐만 아니라 세계 평화로 이어졌어. 전쟁이야말로 지구 환경을 파괴하는 가장 큰 적이기 때문이야. 조너선 리는 세계의 지도자들을 만나 세계 평화를 위해 노력해 줄 것을 당당히 요구하고 있어.

환경과 평화를 지키기 위한 조너선 리의 다양한 활동은 세계의 많은 지도자들에게 큰 감동을 주었고, 많은 어린이들에게 환경과 평화의 소중함을 일깨워 주었지.

얼마 전에는 미국의 오바마 대통령이 조너선 리에게 직접 편지를 보내기도 했어. 오바마 대통령은 스스로의 힘으로 세상을 더 좋게 바꿀 수 있다고 생각하는 어린이들을 높이 평가하며, 그동안 해낸 일에 자부심을 가지라고 조너선 리를 격려했어. 그리고 조너선 리와 같은 어린이들이 미래에 대한 강한 희망을 갖게 한다며 고마움을 표시했지.

조너선 리는 자신이 그린 만화가 이처럼 큰 힘을 가질 줄 몰랐어. 하지만 자신의 생각을 표현하는 다양한 시도가 분명히 세상을 바꾸는 큰 힘이 된다는 것을 깨닫게 되었지. 그리고 그 힘으로 더 많은 일들을 할 수 있게 되었어.

★ 캐나다의 크레이그 킬버거

 1995년, 크레이그 킬버거는 신문에서 우연히 파키스탄 이크발 마시흐의 기사를 보게 되었어. 당시 열두 살이었던 크레이그는 지구 반대편에 사는 자신과 나이가 같은 친구의 이야기를 알고서 큰 충격을 받았어.
 "이건 뭔가 단단히 잘못되었어. 어떻게 이런 일이 있을 수 있지?"
 그때부터 크레이그는 어린이 노동에 관한 책과 기사를 찾아보기 시작했

어.

"전 세계에 노예처럼 일을 하고 학대받는 아이들이 2억 5,000만 명이나 있다니, 믿을 수 없어. 학교를 다니지도 못하고, 제대로 쉬지도 못하면서 일을 하는 친구들이 이렇게 많은데, 대체 어른들은 무엇하고 있는 거지?"

크레이그는 노예처럼 일하는 어린이들을 구하는 일에 직접 나서기로 결심했어. 크레이그 킬버그는 가장 먼저 친구들에게 이크발처럼 부당한 노동에 시달리는 수많은 어린이들에 대한 이야기를 알렸어. 그리고 열한 명의 친구들과 함께 '어린이에게 자유를(Free the Children)'이라는 단체를 조직했어.

"어린이들이 나서서 어린이를 돕자!"

크레이그와 친구들은 도움이 필요한 어린이들을 돕기로 뜻을 모았어. 그리고 이런 활동에 필요한 돈을 마련하기 위해 안 쓰는 물건들을 가져와 장터를 열었어. 또 인권 단체를 비롯한 세계 지도자들에게 어린이 노동을 없애 달라는 편지를 보냈어. 다른 학교 학생들에게도 도움을 청했지.

하지만 처음에 어른들은 어린이들의 이런 행동을 곱지 않은 눈으로 보았어.

"너희들은 이런 일을 하기에 너무 어려."

크레이그는 어른들에게 당당하게 말했어.

"어리다고 다른 사람들을 도울 수 없는 것은 아니에요. 그리고 놀라운 것은 어린 우리가 이런 일을 한다는 것이 아니라, 세계의 많은 어린이들이 노예처럼 일을 한다는 거예요. 우리는 누가 시켜서 이 일을 하는 게 아니에요. 우리는 어린이들이 고통받는 세상을 바꾸고 싶어요."

그 뒤 크레이그는 직접 인도, 파키스탄, 네팔, 태국 등을 여행하며 이크발과 같은 처지의 친구들을 직접 만났어.

"제가 만난 착한 친구들이 일터를 떠나 마음껏 뛰어놀고 즐겁게 공부하는 세상을 만들고 싶어요."

여행을 마친 크레이그는 예전보다 더 적극적으로 친구들을 도왔어. 그리고 노예처럼 일하는 어린이들을 구하는 활동을 꾸준히 이어 왔어. '어린이에게 자유를'은 약 35개 국의 100만 명이 넘는 어린이들을 돕고 있어.

어른들이 욕심을 채우기 위해 어린이들을 일터로, 전쟁터로 몰아넣고 있을 때, 어린이들이 스스로 어린이를 돕기 위해 나선 거야. 이런 어린이들의 용기에 대해 어른들은 부끄러움을 느껴야 하지 않을까?

크레이그가 '어린이에게 자유를'을 만들어 활동하는 동안 그의 형 마크 킬버거는 13살 때 방콕 빈민가로 직접 들어가 에이즈 환자들을 돕고 케냐에서 여성 공동체를 만드는 봉사 활동을 펼쳤어.

크레이그와 마크, 두 형제는 가난하지도 그렇다고 큰 부자도 아니었지만 어린이가 어린이를 도와야 한다는 생각을 행동에 옮겼어. 두 형제의 용감한 행동은 어려움에 빠진 많은 친구들뿐만 아니라 이들을 돕는 어린이들에도 큰 변화를 주었어. 많은 친구들에게 '남을 돕는 기쁨', '더 좋은 세상을 만들려는 의지'를 가지게 했지.

크레이그와 마크는 세계경제포럼이 정한 '내일의 세계 지도자'로 뽑혔고, '넬슨 만델라 인권상'을 수상하였으며, 노벨 평화상 후보로 선정되기도 했어.

크레이그는 이제 어른이 되었지만 '어린이들에게 자유를'은 여전히 어린이들이 운영하는 세계 최대의 단체로 유지되고 있어. 꾸준히 전 세계 언론을 통해 힘든 노동에 시달리는 어린이들의 실상을 알리고, 수많은 단체에서 연설을 하면서 일하는 어린이들을 돕고 학교를 세우기 위한 기금을 마련하고 있지. 또, 일하는 아이들이 많은 가난한 나라의 의료 환경 개선을 돕고 있어. 그 사이 '어린이에게 자유를'는 회원 수가 1만여 명으로 늘었으며, 35개국에 400개가 넘는 학교를 세우는 일을 했단다.

궁금해요

✱ 세계 어린이들은 어떻게 사회에 참여하고 있을까?

영국에서는 해마다 11살에서 18살 사이의 청소년들이 직접 투표를 해서 600명의 청소년 의원을 뽑아. 이 청소년 의원들이 모여 청소년 의회를 구성하고, 1년 동안 영국 청소년을 대표해서 활동을 하게 되지.

청소년 의회는 영국의 주요 정당들이 인정하고 교육부에서 예산을 지원할 만큼 영향력 있는 조직으로, 청소년과 관련된 정책에 대해 의견을 모아 의회, 정부, 청소년 관련 기관 등에 전달해. 최근에는 청소년의 버스 요금을 줄여 줄 것, 학교에서 받는 정치 교육을 개선할 것, 대학 등록금을 폐지할 것 등을 요구하며 캠페인을 벌이기도 했어.

프랑스에는 전국에서 뽑힌 577명의 어린이 의원으로 구성된 어린이 의회가 있어. 매년 5, 6월 중에 하루 동안 회의가 열리는데, 이때 어린이 의원들이 각자 어린이와 관련된 법률안을 내. 어린이 의원들이 낸 법률안을 전문가들이 검토해서 이 가운데 10개의 법안을 고르고, 상임 위원회에서 10개의 법안 가운데 3개를 골라 본회의에 상정해. 다시 본

▲ 대한민국 청소년의회 교실

회의에서 그해 최우수 법안을 뽑지. 지역구 의원들은 정해진 법률안을 실제 법으로 만들었는지 반드시 검토해야 해.

어린이 의회에서 채택된 법률안을 바탕으로 '어린이 권리를 존중하지 않는 나라에서 어린이 노동으로 만든 학용품 구매 금지 관련 법률', '학대받는 어린이 보호 증진을 위한 법률' 등이 만들어졌어.

프랑스에서는 청소년들의 의견을 공공 정책에 반영하기 위해서 청소년 자문 회의를 운영하고 있어. 청소년 자문 회의는 정부와 청소년들의 대화 창구이기도 해. 정부는 청소년 자문 회의를 통해 청소년들의 다양한 의견을 듣고 정책에 반영한단다.

영국과 프랑스뿐만 아니라 벨기에, 독일, 동티모르, 필리핀, 알바니아, 태국, 요르단, 그루지야 등 세계 여러 나라에서도 청소년 의회나 어린이 의회를 통해 어린이들이 적극적으로 정책 수집에 참여하고 있어. 이렇게 세계의 많은 어린이들이 직접 자신들에게 영향을 미치는 정책 수립에 참여하면서 성장해 가고 있단다.

실천해 보아요

〈어린이 인권을 지키기 위한 우리들의 작은 도전〉

세계 여러 나라에서 많은 어린이들이 당당히 자신의 생각을 밝히고 적극적으로 사회에 참여하고 있어. 어떤 친구는 지구 환경을 살리기 위해 단체를 만들기도 하고, 어린이 병사였던 친구는 자신과 같은 처지의 어린이들을 돕기 위해 책을 쓰기도 했어. 굶주리는 아프리카 친구들을 위해 벼룩시장을 열기도 하고, 세계 지도자들에게 평화를 지켜 달라는 편지를 쓰기도 했어. 글과 그림, 춤과 노래, 영화와 공연으로 곳곳에서 일어나는 어린이 인권 문제를 고발하기도 해. 이러한 어린이들의 참여로 세상은 조금씩 변하고 있단다.

1. 뜨개질하는 남자 영우

나는 아프리카 신생아를 위해 모자를 떠요. 처음에는 솔직히 남자가 뜨개질을 하는 게 부끄러웠지만 이젠 하나도 부끄럽지 않아요. 남자라고 뜨개질 하지 말라는 법 있나요? 내가 뜬 작은 털모자가 신생아들을 따듯하게 지켜 줄 거예요.

2. 편지 쓰기의 달인 수현

얼마 전 내 친구가 학원 버스에서 떨어져 다쳤어요. 기사 아저씨가 문을 닫지 않고 출발한 게 문제였어요. 나는 학원 차량이 안전하게 운행하고 있는지 조사하고 법을 어긴 학원 책임자를 처벌해 달라는 편지를 구청장, 경찰서장, 국회의원에게 보냈어요. 답장이 오지 않으면 대통령에게도 보낼 거예요.

3. 사인해 드릴까요? 민준이

사인은 스타들만 하는 게 아니에요. 나도 길거리를 지날 때, 지하철역을 지날 때 자주 사인을 하거든요. 바로 인권 관련 서명 운동에 참여하는 거예요.

처음에는 종이에 내 이름 쓰는 게 무슨 힘을 발휘할까 생각했어요. 하지만 같은 생각을 가진 사람들이 함께 모여 목소리를 높이면 큰 힘을 낼 수 있다는 것을 알게 되었지요. 최근에 채택된 아동 학대 특례법도 서명 운동 덕분에 국회에서 통과될 수 있었대요.

4. 친구와 용돈을 나누는 지수

나는 매달 캄보디아에 사는 친구 캄과 용돈을 나누어 써요. 세이브더칠드런을 통해 일대일 후원을 하고 있거든요. 용돈을 나누어 쓴 덕분에 캄은 학교에 다닐 수 있게 되었어요.

5. 고발의 여왕 현아

나는 전화기에 특별한 전화번호들을 저장해 두었어요. 또, 인터넷에도 특별한 바로가기 목록이 있어요. 바로 인권 단체들과 관련된 번호예요. 내 가까이에서 인권을 침해하는 부당한 일이 벌어진다면 나는 바로 이곳에 신고할 거예요. 좀 더 많은 사람들이 주변에서 일어나는 인권 문제에 관심을 갖는다면 함부로 남의 권리를 빼앗는 사람들도 줄어들 거예요.

6. 인터넷 스타 지원

나는 어린이 인권에 관한 웹툰을 만들고 있어요. 내가 올린 웹툰은 전 세계 친구들이 함께 보지요. 이번에는 시리아 내전으로 고통받는 친구들의 이야기를 웹툰으로 만들었어요.
나는 만화로 사람들과 생각을 나누는 게 좋아요. 만화는 누구나 쉽고 재미있게 볼 수 있으니까요. 앞으로도 많은 사람들이 내가 올린 웹툰을 보고, 어린이 인권에 대해 관심을 가져 주었으면 좋겠어요.

7. 쇼핑 고수 혜리

나는 어린이 노동으로 만들어진 물건을 사지 않아요. 만약 내가 그런 물건들을 산다면 나도 인권 침해의 공범이 되는 것이니까요. 쇼핑을 할 때에는 그 물건이 어디서 어떻게 만들어져 여기까지 왔는지 꼼꼼히 따져 봐야 해요. 착한 쇼핑이 착한 세상을 만드니까요.

8. 모두모두 모여라!

나는 친구들과 함께 벼룩시장을 열기로 했어요. 우리는 안 쓰는 학용품, 안 읽는 책, 안 입는 옷 등을 팔아 아프리카 아이들에게 모기장을 선물할 거예요. 모기장이 말라리아를 막을 수 있대요.
여러분도 뜻을 같이하는 친구들과 모임을 만들어 보세요. 우리들의 모임이 훗날 세계적인 구호 단체로 커 갈지도 모르잖아요.

6장

건강과 안전을
누릴 권리

건강하고 안전하게 살고 싶어

　이 세상 모든 어린이들은 안전하게 보호받으며 건강하게 자라날 권리가 있어. 그럼에도 불구하고 많은 어린이들이 먹을 것이 없어 영양실조에 걸려 죽어 가거나 예방약과 치료약이 없어서 병에 걸려도 적절한 치료를 받지 못하고 있어. 또, 부모나 주변 어른들에게 학대를 당하거나 제대로 보살핌을 받지 못하거나 건강을 해치는 불결한 환경에서 생활하는 아이들도 많아.

　너희들의 몸과 마음은 건강하게 자라고 있니? 지구촌 곳곳에는 건강과 안전의 권리를 누리지 못하는 어린이들이 아주 많아. 특히 아프리카나 아시아, 남미 등에서는 오랜 가뭄과 내전으로 굶주리는 어린이들이 더 많이 생겨 났지. 이들은 하루를 살아 낼 최소한의 영양도 공급받지 못해 목숨을 잃기도 해. 또, 오염된 물과 아무데나 널려 있는 쓰레기와 비위생적인 화장실 때문에 전염병에 걸려 건강을 잃는 어린이들도 많아.

선진국이라고 어린이들의 안전과 건강이 완전히 지켜지는 것은 아니야. 가정이나 학교에서 일어나는 폭력 때문에 다치거나 목숨을 잃는 아이들도 많고, 부모의 무관심으로 제대로 보호받지 못하는 아이들도 많아. 그뿐만이 아니야. 어린이를 대상으로 한 범죄들도 좀처럼 줄지 않고 있어. 누가 이러한 위험으로부터 어린이들이 건강하고 안전하게 자라도록 지켜 줄 수 있을까? 건강과 안전을 누릴 권리를 빼앗긴 친구들의 이야기를 들어 보면서 그 답을 찾아보기로 하자.

★ 한국의 서현이

초등학교에 다니는 서현이가 정신을 잃은 채 병원에 실려 왔어. 새엄마는 서현이가 욕조에 쓰러져 있었다고 경찰에 신고했지. 그런데 서현이의 몸에는 시퍼런 멍 자국이 가득했고, 24개의 갈비뼈 가운데 16개가 부러져 있었어. 부러진 갈비뼈가 폐를 찔러 서현이는 이미 목숨을 잃은 뒤였지. 대체 서현이는 어떤 일을 겪었던 것일까?

서현이가 눈을 감은 날, 서현이는 소풍을 가고 싶다고 말했다가 새엄마에게 매를 맞았어.

"거짓말쟁이가 무슨 소풍이야? 어제 받은 돈은 어디에 두었어?"

새엄마는 어제 서현이가 동네 아주머니에게 받은 용돈이 모자란다며 서현이를 마구 때렸어. 새엄마에게 맞은 것은 그날만이 아니었어. 그 전에도 새엄마에게 맞아 허벅지 뼈가 부러지기도 했고, 새엄마가 뜨거운 물을 부어 손과 발에 화상을 입기도 했어.

4년이라는 긴 시간 동안 서현이가 새엄마에게 학대를 당해 왔지만 아무도 서현이를 도와주지 않았어. 일 때문에 바쁜 아빠는 서현이에게 관심을 갖지 않았어.

포항에서 서현이가 유치원에 다닐 때 유치원 선생님이 서현이의 몸에 난 멍을 보고 아동 보호 센터에 신고했지만, 서현이의 아빠가 센터의 상담을 거부하자 다른 조사는 이어지지 않았어. 울산으로 이사 온 뒤로 서현이는 아빠와 따로 살게 되었고, 새엄마의 학대는 점점 더 심해졌어. 겉으로는 서현이네 가정에 아무 문제가 없어 보였어. 서현이의 새엄마는 학부모 대표를 맡으며 좋은 엄마로 가장했고, 서현이는 공부도 잘하고, 예의 바르며, 밝은 아이라는 칭찬을 받았지.

서현이가 허벅지가 부러져 병원에 갔을 때에도 병원에서는 새엄마의 학대로 인한 상처라고 의심하지 않았어.

"아이가 계단에서 굴렀어요."

서현이가 손과 발에 심한 화상을 입었을 때에도 마찬가지였어.

"애가 샤워기를 틀다 잘못하여 뜨거운 물에 화상을 입었어요."

모두 새엄마의 말만 믿었어. 사실 병원에서는 아이가 다치거나 아플 때, 학대가 의심되면 바로 신고를 해야 할 의무가 있어. 학교도 마찬가지지. 선생님도 아이가 학대받고 있다고 의심되면 바로 관련 기관에 신고해야 해. 하지만 서현이가 다녔던 병원, 학교, 학원, 어디에서도 서현이를 도와주는 어른은 없었어.

결국 서현이는 새엄마의 학대로 목숨을 잃고 말았어. 홀로 욕조에 남겨진 서현이는 얼마나 아팠을까? 얼마나 무서웠을까? 만약 유치원 교사의 신고를 받은 포항의 아동 보호 센터에서 서현이의 가정에 대한 조사가 이루어졌다면, 서현이 아빠가 딸에게 조금이라도 관심을 가졌더라면, 주변 어른들이 서현이의 잦은 사고와 상처에 의심을 품었더라면 서현이가 아까운 목숨을 잃는 일은 일어나지 않았을까?

어린이는 부모나 다른 보호자로부터 신체적 혹은 정신적인 폭력을 당하거나 부당한 대우, 성적 학대를 받아서는 안 돼. 또, 제대로 보호받지 못하고 방치되어서도 안 돼. 하지만 전 세계의 많은 어린이들이 심각한 아동 학대로 인해 고통받고 있어.

아동 학대는 어린이의 몸과 마음에 가해지는 폭행은 물론이고, 제대로 돌보지 않고 방치하는 것까지 포함하고 있어. 아동 학대는 가정은 물론이고 보육 기관, 교육 기관 등에서 끊이지 않고 일어나고 있어. 부모나 친척, 교사나 돌보미 등에 의해 행해지는 아동 학대는 어린이를 다치게 하고 심하면 죽음에 이르게 하지.

그런데 아동 학대가 일어나도 숨기는 경우가 많기 때문에 그 수를 파악하기조차 힘들어. 우리나라의 경우 한해 약 6,400건이 넘는 아동 학대가

보건복지부 2012 전국아동학대보고서

발생하고 있어. 신고를 하지 않은 경우까지 생각한다면 부모나 사회의 보호를 받지 못하고 폭력으로 인해 고통받는 어린이들은 훨씬 많을 거야.

　아동 학대가 의심될 때에는 반드시 신고를 해야 해. 교사나 의사, 학원 강사 등 어린이의 상태를 가까이에서 확인할 수 있는 사람들이 신고하지 않을 경우에는 처벌을 받게 돼.

　서현이의 안타까운 죽음이 전해지자 많은 사람들은 아동 학대에 대한 처벌이 강화되어야 한다며 뜻을 모았어. 곳곳에서 아동 학대 특례법 제정을 위한 서명 운동이 벌어졌고, 국회는 미뤄 두었던 그 법안을 통과시켰어. 얼마 전 아동 학대 특례법에 의해 아동 학대를 저지른 사람을 최고 무기 징역까지 처벌할 수 있게 되었고, 피해 어린이를 신속하게 보호할 수 있는 장치도 마련됐어.

　늦게나마 법이 만들어지고 처벌이 강화되었지만 어린이를 대상으로 한 범죄나 가정이나 교육 기관, 보육 기관에서 일어나는 아동 학대는 좀처럼 줄지 않고 있어.

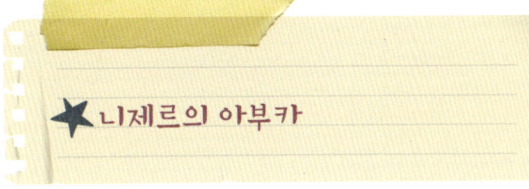

★ 니제르의 아부카

　아프리카 니제르의 아부카는 영양실조에 걸려 병원에 왔어. 두 살이 넘은 아부카는 10kg이 넘어야 할 몸무게가 6kg도 채 나가지 않았어. 또, 몸은 앙상하기만 하였으며, 눈을 뜨고 있는 것조차 힘들어 보였어.

　병원에는 아부카 같은 어린이들로 가득했어. 영양실조에 걸려 울 힘도 없는 어린이들은 가느다란 튜브를 통해 영양을 공급받았어.

　"오랜 가뭄으로 아이들을 제대로 먹이지 못했어요. 우리 집은 하루 한 끼를 먹는 것도 힘들어요. 식구들이 많아 어린아이들에게 음식이 돌아가지 못하는 경우도 많아요."

　아부카의 엄마가 울먹이며 말했어.

　바싹 마른 나뭇가지 같은 아부카의 몸은 금방이라도 부러질 것 같았어.

　"이 아이마저 잃고 싶지 않아요. 기근으로 이미 아이 둘을 잃었어요. 아부카만은 지켜 내고 싶어서 무리를 해 큰돈을 들여 병원에 왔어요. 여기까지 오는 비용이면 우리 가족들이 이틀은 먹을 수 있는 식량을 구할 수 있거든요."

　아부카의 엄마는 아부카의 얼굴에 달라붙는 파리들을 힘없이 쫓아내며 말했어.

　더 안타까운 것은 아부카가 영양실조에 말라리아까지 앓고 있는 것이었어. 아부카처럼 영양실조에 걸린 어린이들은 말라리아나 결핵 같은 병에 걸리는 경우가 많아.

"예방 접종만 했으면 쉽게 막을 수 있는 질병들이에요. 하지만 대부분의 아프리카 대륙의 나라에서는 어린이들에게 최소한의 예방 접종조차 하지 않고 있지요."

병원에서 의료 봉사 활동을 하고 있는 의료진들은 이런 아프리카의 상황을 안타까워했어.

"이곳에서는 영양실조에 걸린 어린이들에게 치료식을 공급하고 질병 치료도 함께합니다. 또, 병에 걸리지 않도록 비타민과 철분제, 그리고 구충제를 제공하지요. 입원한 어린이들의 가족들에게 손 씻기와 화장실

▼소말리아의 배고픈 어린이들

사용 등 기본적인 위생 교육도 실시합니다. 치료를 마치고 집으로 돌아가서도 예전처럼 생활한다면 곧 다시 병에 걸릴 테니까요."

다행히 이곳에서 치료를 받고 나아지는 어린이들도 있지만, 그렇지 못하고 목숨을 잃는 어린이들도 많아.

"다섯 살도 되지 않는 어린이들이 먹지 못해 죽어 가는 일이 더는 없었으면 좋겠어요."

이곳의 모든 사람들이 한마음으로 이렇게 기원하지만 안타까운 죽음을 막기에는 여전히 먹을 것이 부족하고, 병원 시설이나 의료진, 약품도 턱없이 부족하단다. 아부카는 언제쯤이면 웃음을 되찾을 수 있을까?

해마다 전 세계 5세 이하의 어린이 가운데 2,000만 명이 넘는 어린이들이 심각한 영양실조를 겪고 있어. 전쟁과 가난, 자연재해 등으로 제대로 먹지 못한 어린이들이 영양실조에 걸리는 경우가 많은데, 영양실조에 걸리면 면역력이 떨어져 쉽게 병에 걸리는 반면 회복은 늦어. 영양실조는 어린이 사망 원인의 3분의 1을 차지할 만큼 아주 심각해.

아부카가 살고 있는 아프리카에는 영양실조로 생명이 위험한 어린이의 수가 100만 명이 넘는다고 해. 오랜 가뭄으로 이곳에서 한 해 생산되는 식량은 일 년 동안 필요한 식량의 약 14퍼센트에 불과해. 이것이 어린이들의 영양실조로 이어지고 있는 것이지. 아프리카뿐만 아니라 아시아의 가난한 나라에서도 많은 어린이들이 영양실조로 건강과 성장을 위협받고 있어.

만 3세가 될 때까지 어린이들의 성장 발육은 아주 중요해. 이때 영양을

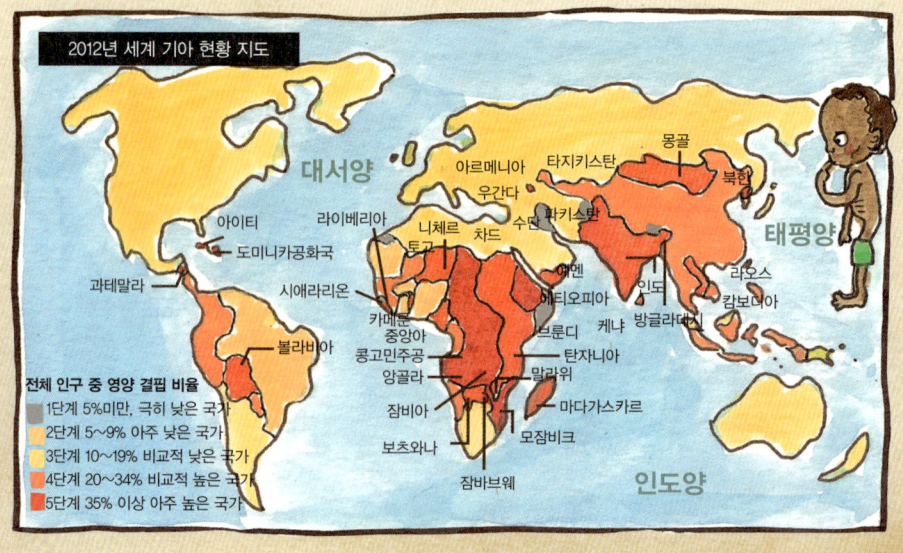

충분히 공급받지 못하면 키도 자라지 않고, 몸무게도 늘지 않아. 지능도 발달하지 않아서 학습 능력도 떨어지게 되지.

어린이들을 영양실조에서 구할 수 있는 방법은 규칙적으로 영양이 충분한 음식을 공급하는 거야. 많은 구호 단체들이 국경을 초월해 굶주린 어린이들을 돕고 있지만, 이들이 먹기에도 편하고 영양도 풍부한 음식을 마련하기란 쉽지 않았지.

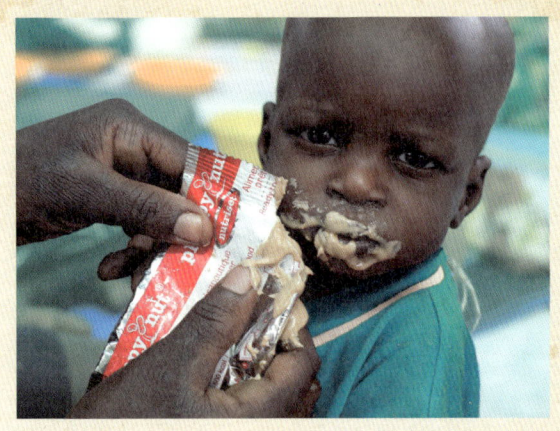
▲한 어린이가 플럼피넛을 먹고 있다.

그래서 국경없는의사회와 유니세프는 플럼피넛이라는 음식을 개발했어. 프랑스의 소아과 의사가 개발한 플럼피넛은 영양가가 높고 더운 곳에서도 오랫동안 보관할 수 있어. 만들기도 쉽고 따로 조리할 필요가 없기 때문에 바로 먹을 수 있어. 세계 각국의 구호 단체에서는 이 플럼피넛을 영양실조에 걸린 어린이들에게 공급하고 있어. 전 세계 11개의 공장에서 플럼피넛을 생산하는데 플럼피넛을 생산하는 기업은 매출의 1퍼센트를 영양실조 치료용 건강 식품을 개발하는 프랑스 연구소에 기부하고 있어.

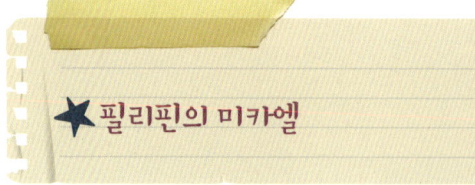

필리핀의 미카엘

빈민 도시 톤도에 사는 미카엘의 집과 일터는 쓰레기 더미야. 미카엘의 가족은 쓰레기 더미를 뒤져 쓸 만한 물건을 모아 그것을 팔아 생활해. 미카엘은 하루하루 끼니를 잇는 것만도 빠듯하기 때문에 학교에 다니는 일은 꿈도 꾸지 못해.

"쓰레기 더미를 뒤지는 일은 무척 위험해요. 맨발로 다니다 녹슨 철에 발을 다쳐 파상풍에 걸려 다리를 자른 아이들도 많아요. 다쳐서 치료를 받으려면 큰돈이 들기 때문에 조심해야 해요."

맨발에 낡은 슬리퍼를 신고 장갑도 끼지 않은 채 쓰레기 더미를 뒤지는 미카엘의 여린 손은 성할 날이 없어.

"철사나 낡은 전선, 전자 제품 부속 같은 것들을 주워야 돈이 되기 때문에 하루 종일 쓰레기를 뒤지고 또 뒤져야 해요."

톤도의 아이들은 하루 종일 더러운 쓰레기를 밟고 만지며 일하지만 제대로 씻을 곳도 없어. 물조차 쓰레기에 오염되어 있기 때문이야.

"마을 사람들이 함께 쓰는 우물이 있어요. 그런데 이 물을 그냥 마시면 배가 아프고 설사도 해요. 하지만 이 우물이 없으면 씻을 수도 없고, 빨래도 못하고, 밥도 못해요."

미카엘의 어린 동생들도 미카엘을 도와 열심히 쓰레기를 뒤지며 놀아.

"배가 고플 때면 쓰레기 더미에서 음식 찌꺼기를 찾아서 먹기도 해요. 껍질을 벗기지 않은 과자라도 나오는 날이면 기분이 아주 좋아요."

　미카엘의 여동생은 제대로 걷지 못해. 어릴 때 소아마비를 앓았기 때문이야. 예방 주사만 제때 맞았어도 병을 앓지 않았을 텐데……. 톤토의 아이들은 예방 접종은 물론이고 아플 때 적절한 치료를 받지 못하여 장애를 갖게 되거나 일찍 세상을 떠나는 경우가 많아.

　더러운 쓰레기 더미 속에서 하루 종일 일하는 아이들의 안전은 누가 지켜 줄 수 있을까? 미카엘과 그의 동생들의 상처투성이 발과 손은 누가 보호해 줄까?

▲아프리카의 화장실

아프리카나 아시아, 남미 등에서는 오염된 환경 때문에 많은 어린이들이 질병에 시달리고 있어. 오염된 물과 아무데나 널려 있는 쓰레기와 비위생적인 화장실 때문에 건강을 잃는 어린이들도 많아.

오염된 물은 여러 질병을 일으켜. 특히 상하수도 시설이 갖추어지지 않은 곳에서는 오염된 물로 생활하고 다시 그 물을 마셔. 많은 어린이들이 수질 오염으로 설사, 기생충, 콜레라 같은 병을 앓는데, 하루에 약 4,500명의 어린이들이 설사병으로 목숨을 잃는다고 해.

그뿐만이 아니야. 약 26억 명의 사람들이 위생적인 화장실을 사용하지 못하거나 여기저기 아무데나 널려 있는 사람들의 배설물 때문에 장티푸스, 페스트 같은 무서운 전염병이 발생하기도 해.

이에 세계 여러 나라에서는 정부와 환경 단체, 그리고 인권 단체가 힘을 모아 깨끗한 물을 공급하기 위해 상하수도 시설을 갖추고, 수질을 엄격하게 관리하기 위해 노력하고 있어. 수돗물을 공급하기 어려운 곳에서는 우물을 만들거나 지하수를 개발하고 정화 시설을 갖추는 등 수질 개선과 관리를 위해 노력하고 있어. 또, 지속적인 환경 교육과 위생 교육도 펼치고 있지. 인구 밀도가 높은 도시 빈민가나 시설이 열악한 학교에 깨끗한 화장실을 만들어 가고 있어.

이런 노력에도 불구하고 여전히 지구촌 곳곳의 많은 어린이들은 미카엘처럼 최소한의 위생 시설도 갖추지 못한 오염된 환경에서 생활하고 있단다.

★ 남아프리카 공화국의 은코시

은코시 존슨은 에이즈에 감염된 엄마 때문에 태어날 때부터 이미 에이즈 환자였어. 아프리카에는 은코시처럼 에이즈에 걸린 채 태어나는 아기들이 아주 많아. 이 아기들 가운데 적절한 치료를 받은 경우에는 건강을 지킬 수 있지만, 그렇지 못한 경우에는 목숨을 잃기도 해.

의학이 발달하면서 엄마 배 속의 아기에게 에이즈가 옮겨 가는 것을 막아 주는 약도 개발되었고, 에이즈의 증상을 늦춰 주는 약도 개발되었지만 가난한 나라 사람들이 사용하기에는 그 값이 너무 비싸단다.

다행히 은코시는 어릴 때 입양되어 사랑 속에서 자랄 수 있었어. 은코시의 양어머니인 게일은 은코시가 에이즈에 대한 사람들의 오해를 딛고 여느 아이들처럼 즐겁게 자랄 수 있도록 애썼어. 하지만 막상 은코시가 학교에 입학할 무렵, 그러한 노력은 높은 벽에 부딪치고 말았지.

"우리 학교에서는 에이즈 환자를 받을 수 없습니다."

학교에서 은코시의 입학을 거부하자 은코시의 양어머니는 강하게 항의했어.

"이미 남아프리카 공화국 인구의 4분의 1이 에이즈에 걸렸어요. 에이즈는 함께 생활한다고 전염되는 병이 아니에요. 왜 정부는 수많은 에이즈 환자의 권리를 보호해 주지 않는 거지요?"

다행히 그 뒤 에이즈 감염자에 대한 차별 금지법이 만들어지면서 은코시는 학교에 다닐 수 있게 되었어.

은코시는 주변에서 에이즈 때문에 차별당하거나 목숨을 잃는 친구들을 보면서 당당히 세상과 맞서기로 결심했어. 은코시는 에이즈에 걸린 어린이들과 어머니들을 위해 '은코시 헤븐'이라는 쉼터를 마련했어. 그리고 2000년 7월, 더반에서 열린 세계 에이즈 총회에서 에이즈에 관한 편견과 차별에 관해 연설했지.

　"제 이름은 은코시 존슨이에요. 11살이고 에이즈 환자지요. 저는 에이즈 환자인 게 싫어요. 많이 아프고, 몸이 약해서 친구들과 뛰어놀 수 없거든요. 에이즈는 같이 손을 잡고 음식을 먹는다고 전염되는 병이 아니에요. 단, 다른 사람들의 상처에 내 피가 닿으면 전염될 수 있어요. 저는

그것을 잘 알고 있기 때문에 항상 조심하고 있어요. 아기들이 에이즈에 걸려 태어나지 않도록 정부가 임신한 엄마들에게 약을 나누어 주었으면 좋겠어요. 저는 사람들이 에이즈에 대해 제대로 알고 에이즈 환자들을 두려워하지 않으면 좋겠어요. 우리도 다른 사람들과 똑같은 인간이니까요. 제가 어른이 되면 전 세계 사람들에게 에이즈에 대해 설명해 주는 일을 하고 싶어요."

은코시의 희망대로 남아프리카 공화국은 에이즈 예방과 치료를 위한 정책을 바꿔 갔어. 에이즈에 걸린 임산부들에게 약을 무료로 나누어 주어 태아에게 에이즈가 전해지는 것을 막기로 한 거야.

하지만 은코시의 또 하나의 희망은 이루어지지 않았어. 어른이 되지 못하고 이듬해 눈을 감고 말았거든. 에이즈에 걸린 수많은 어린이들이 건강을 되찾고 꿈을 이루는 세상은 언제쯤 올까?

어린이들은 질병에 걸리지 않도록 예방 접종을 받고, 병에 걸리면 적절한 치료를 받을 권리가 있어. 하지만 대부분의 가난한 나라에서는 제대로 된 의료 시스템을 갖추고 있지 못하기 때문에 최소한의 예방 접종만으로도 막을 수 있는 질병에 걸리는 어린이들이 많아. 또, 심각한 질병에 걸려도 치료약이 없이 생명을 잃기도 하지.

은코시의 목숨을 앗아간 에이즈는 후천성면역결핍증으로 에이치아이브이(HIV)라는 바이러스가 몸속에 침투해 우리 몸의 면역 기능을 떨어뜨리는 질병이야. 에이즈에 걸리면 어떤 질병에 걸려도 우리 몸이 이를 막아 낼 수 없어.

아프리카에서는 전체 사망자의 25퍼센트가 에이즈로 사망할 정도로 에이즈 문제가 심각해. 특히 여성들이 에이즈에 많이 걸리고 있어. 아프

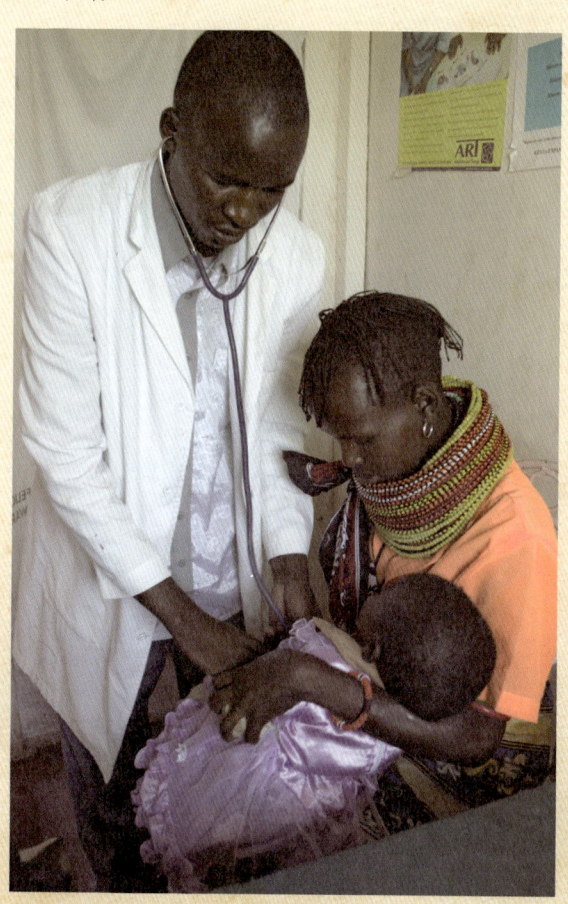

▲에이즈에 걸린 엄마와 아이를 진료하고 있다.

리카의 에이즈 환자들은 대부분 충분한 영양을 섭취하지 못하는 데다 에이즈 치료약이 비싸서 병에 걸려도 치료를 받지 못해. 그러다 보니 에이즈에 걸린 여성들이 임신을 하면 태아 때부터 에이즈에 걸리거나 세상에 태어난 뒤에 모유를 통해 아기에게 에이즈가 전해지기도 해. 이렇게 에이즈에 걸린 어린이들은 은코시처럼 부모를 잃고 고아로 자라게 되지. 아프리카에서 은코시 같은 에이즈 고아들의 수는 약 4천만 명에 이른다고 해.

최근에는 싼값의 치료약이 아프리카에 수출되고 있어. 또, 아기에게 병이 전해지는 것을 막는 약도 개발되었어. 하지만 안타깝게도 아프리카에 공급된 싼 에이즈 약이 다시 유럽으로 팔리는 경우도 많아. 싼값에 약을

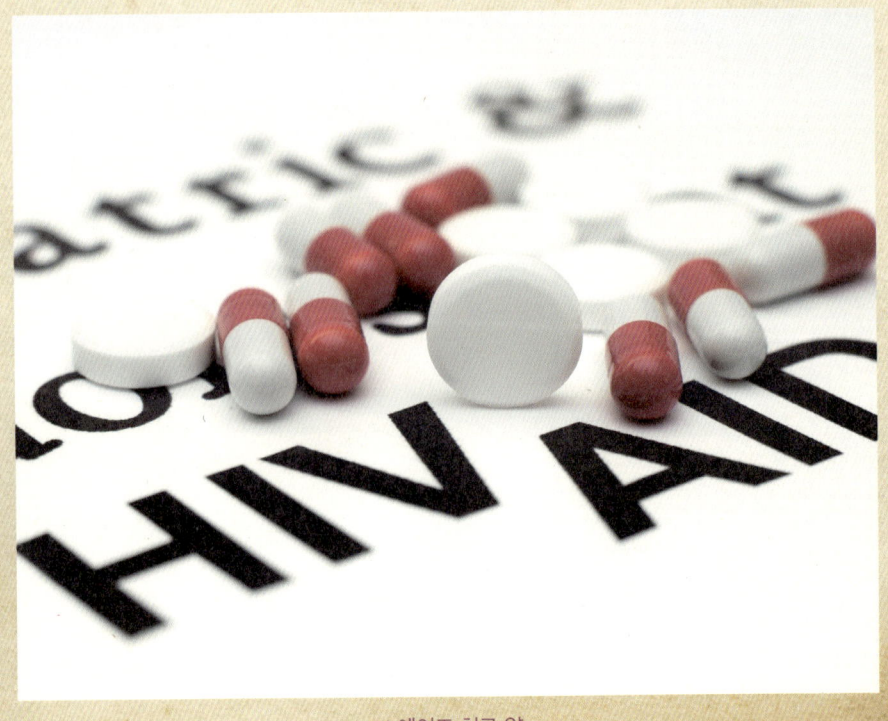

▲에이즈 치료 약

구하려는 사람들이 많기 때문이야. 무료로 혹은 싸게 공급되는 약이 아프리카의 에이즈 환자들에게 제대로 전달될 수 있도록 시민 단체들이 감시와 처벌을 강화하고 있어. 하지만 눈앞의 이익 때문에 많은 사람들, 특히 어린이들의 치료약이나 예방약까지 빼돌리는 사람들이 여전히 활개를 치고 있단다.

생각해 보아요

✽ 우리 학교 주변은 안전할까?

학교 주변을 한번 둘러보겠니? 혹시 자동차들이 쌩쌩 달리고, 불량 식품들이 즐비한 가게들이 보이지는 않니? 초등학교와 어린이집, 유치원, 학원 주변은 어린이 보호 구역으로 정해져 있어. 정문을 중심으로 반경 500m 안에서는 자동차도 시속 30km 이상으로 속도를 낼 수 없고, 함부로 주정차를 해서도 안 돼.

어린이보호구역

또, 신호등과 과속 방지턱, 반사경, 방호 울타리 같은 교통안전 시설물을 설치해 어린이들의 안전을 지켜야 하지. 만약 어린이 보호 구역에서 속도를 내거나 신호를 지키지 않는 등 법규를 지키지 않으면 최대 2배의 범칙금과 벌점을 받게 돼. 어린이 보호 구역 안에서 교통사고를 일으켜 어린이가 다치면 더 큰 처벌을 받아.

또한 학교 주변 200m 안에서는 어린이의 건강을 해치는 식품을 팔지 못하게 되어 있어. 몸에 나쁜 첨가물이 들어간 식품이나 살을 찌게 하는 열량이 높은 식품, 과도한 설탕과 소금이 포함된 식품 등이 여기에 해당하지.

그런데 우리 학교 주변에서 이런 법규들이 잘 지켜지고 있을까? 여전히 많은 자동차들이 빠르게 달리며 어린이들을 겁주고, 함부로 주차해 둔 자동차들 때문에 등·하굣길이 위험하기만 해. 또, 여전히 학교 앞 문방구에서는 불량 식품을 팔고 있고, 영양가 낮은 간식거리들이 즐비해. 어린이 교통사고가 끊이지 않고, 안전사고와 유괴의 위험도 사라지지 않고 있어.

어떻게 하면 어린이들이 안전하게 학교에 다닐 수 있을까? 학교와 학교 주변이 어떻게 바뀌면 좋을지 너희들의 생각을 들려주겠니?

🌸 사랑의 매에 정말 사랑이 담겨 있을까?

아동 학대에 대한 관심이 높아지면서 우리가 흔히 사랑의 매라고 부르던 체벌에 대해 찬반 의견이 갈리고 있어. 어떤 사람들은 아이들은 매로 키워야 한다고 이야기해. 그리고 아이들이 잘못했을 때 체벌하는 것을 훈육의 한 방법으로 생각하지. 하지만 감정을 앞세운 체벌은 어린이의 몸과 마음에 상처를 줄 수 있어.

회초리를 휘두르며 가하는 체벌을 '사랑'의 매라고 부를 수 있을까? 너희들은 어떻게 생각하니?

국경없는의사회

재난이 일어난 곳에서 가장 필요로 하는 것은 무엇일까? 바로 의료진의 도움일 거야. 그래서 조직된 엔지오 단체가 바로 국경없는의사회야. 국경없는의사회는 말 그대로 국경을 초월해 전쟁, 기아, 질병, 자연 재해 등으로 고통받는 사람들을 돕는 민간 의료 구호 단체야.

1971년 파리에서 처음 만들어진 국경없는의사회는 매년 전 세계 70여 개국에서 위기에 처한 수백만 명의 사람들을 돕고 있어. 국경없는의사회는 의사와 간호사는 물론이고 식수 및 보건 전문가, 행정 인력 및 기타 전문가들 등 약 3만 명의 전문가들이 전 세계에서 의료 구호 활동을 벌이고 있지.

국경없는의사회는 특정 국가, 정당, 종교 등을 위해 일하지 않아. 이들은 인종, 종교, 사상에 상관없이 의료 도움이 필요한 사람들이 있다면 전쟁이 일어난 곳, 지진이 일어난 곳, 난민촌 등 세계 어디든 달려간단다.

내전으로 몸살을 앓고 있는 분쟁 지역의 난민촌에서 활동하면서 이들의 치료와 수술, 예방 접종, 안전한 식수 공급 등을 위해 노력하고 있어. 또 담요나 가재도구 등 피난민들의 생존에 필요한 물품을 공급하기도 한단다.

▲마다가스카르에서 이동 진료를 하고 있다.　　▲기니에서 홍역 예방 접종을 맞는 어린이

콜레라, 뇌수막염, 홍역, 말라리아처럼 전염성이 높고 치명적인 전염병과 흑혈병, 뎅기열, 에이즈, 결핵 치료를 위한 노력도 하고 있어. 이들은 가난한 사람들이 자주 걸리는 질병의 진단과 치료에 필요한 약품의 개발을 촉구하고, 용법을 달리하여 환자의 필요에 맞게 공급하고 있으며, 대규모 예방 접종 실시로 전염병의 발병률을 줄이고 있어.

또한 기아에 허덕이는 아프리카와 아시아 어린이들을 치료하고 이들에게 영양 치료식을 제공하고 있어. 해마다 8백만 명 이상의 다섯 살 미만의 어린이들이 영양실조로 세상을 떠나고 있어. 국경없는의사회는 어린이 영영실조의 위험에 대해 알리고 이들을 살릴 수 있는 식량 구호 정책의 개혁을 전 세계 정상들에게 촉구했어.

이들은 자연 재해가 휩쓸고 간 곳으로 빠르게 출동해 아픈 사람들을 돌보는 활동도 하고 있어. 2005년 인도와 파키스탄 지진, 2007년 멕시코 홍수, 2007년 방글라데시 태풍, 2008년 미얀마 태풍, 2010년 아이티 지진, 2013년 필리핀 태풍 때에도 피해 지역에 이동 진료소를 세웠어.

이외에도 난민, 강제 이주자, 소수 민족, 에이즈 환자, 약물 중독자, 성 노동자, 집 없는 사람들처럼 제때 의료 혜택을 받지 못하는 사람들을 돕기도 해. 이들은 사회에서 소외된 사람들을 치료하는 것은 물론이고 이들이 적절한 의료 서비스를 받을 수 있도록 정부와 지역 사회에 요청하고 있어.

이렇게 다양한 곳에서 많은 사람들을 위해 노력하는 국경없는의사회는 국제 사회에서 그 공로를 인정받으며 많은 인권 관련 상을 수상했어. 특히 1999년에는 세계 각지의 재난 지역에서 신속한 구호 활동을 펼치고 많은 사람들의 관심을 촉구한 공로로 노벨 평화상을 받기도 했어.

지금도 세계 어딘가의 국경없는의사회의 이동 진료소에는 재난으로 상처 입은 사람들의 몸과 마음을 치료해 주고, 필요한 물품을 지원하며, 영양실조와 전염병을 막으려고 애쓰는 의료진들과 전문가들의 분주한 움직임이 이어지고 있단다.

사진 자료 제공해 주신 곳
14쪽 국가인권위원회, ⓒ이원복 47쪽 유니세프한국위원회, ⓒUNICEF/NYHQ2004-0666/Kate Brooks
53쪽 유니세프한국위원회, ⓒUNICEF/NYHQ2012-0883/Brian Sokol 66쪽 Amnesty International
67쪽 좌 세이브더칠드런, ⓒGMB Akash 우 세이브더칠드런, ⓒOscar Naranjo
68쪽 유니세프한국위원회, ⓒUNICEF/NYHQ2006-2866/julie Pudlowski 69쪽 상 굿네이버스, ⓒ박찬학/인도
69쪽 하 굿네이버스, ⓒ박찬학/말라위 121쪽 동아일보 124쪽 대한항공 128쪽 경상남도의회
162쪽 좌 국경없는의사회, ⓒIsabelle Ferry 우 국경없는의사회, ⓒIkram N'gadi
그외 사진들 셔터스톡

2014년 6월 15일 1판 1쇄 발행
2018년 3월 10일 1판 4쇄 발행

지은이 | 청동말굽
그린이 | 지문
발행인 | 김경석
펴낸곳 | 아이앤북
편집자 | 우안숙 노연교
디자인 | 김정선
마케팅 | 남상희
주　소 | 서울시 성동구 용답동 233-5
연락처 | 02-2248-1555
팩　스 | 02-2243-3433
등　록 | 제4-449호

ISBN 978-89-97430-91-8 73300

이 책에 실린 모든 내용, 디자인, 이미지, 편집 구성의 저작권은 아이앤북과 지은이에게 있습니다.
http://blog.naver.com/iandbook 아이앤북은 '나와 책' '아이와 책'이라는 뜻을 가지고 있습니다.

이 도서의 국립중앙도서관 출판시도서목록(CIP)은 e-CIP 홈페이지 (http://www.nl.go.kr/ecip)
에서 이용하실 수 있습니다. (CIP 제어번호 : CIP2014017622)